Dennis Bausch

Vergütung, Nachträge und Behinderungen nach VOB

disserta
Verlag

Bausch, Dennis: Vergütung, Nachträge und Behinderungen nach VOB, Hamburg, disserta Verlag, 2014

Buch-ISBN: 978-3-95425-436-1
PDF-eBook-ISBN: 978-3-95425-437-8
Druck/Herstellung: disserta Verlag, Hamburg, 2014
Covermotiv: © carlosgardel – Fotolia.com

Bibliografische Information der Deutschen Nationalbibliothek:
Die Deutsche Nationalbibliothek verzeichnet diese Publikation in der Deutschen Nationalbibliografie; detaillierte bibliografische Daten sind im Internet über http://dnb.d-nb.de abrufbar.

© disserta Verlag, Imprint der Diplomica Verlag GmbH
Hermannstal 119k, 22119 Hamburg
http://www.disserta-verlag.de, Hamburg 2014
Printed in Germany

Inhaltsverzeichnis

Abkürzungsverzeichnis

AG	Auftraggeber
AGB	Allgemeine Geschäftsbedingungen
AGB – Gesetz	Gesetz zur Regelung des Rechts der Allgemeinen Geschäftsbedingungen
AN	Auftragnehmer
a.R.d.T.	anerkannte Regeln der Technik
ATV	Allgemeine Technische Vertragsbedingungen
AZ	Aktenzeichen
BAG	Bundesarbeitsgericht
BauR	Baurecht, Zeitschrift für das gesamte öffentliche und zivile Baurecht
BB	Betriebs-Berater, Zeitschrift für Recht und Wirtschaft
Betrieb	Der Betrieb, Zeitschrift
BGB	Bürgerliches Gesetzbuch
BGH	Bundesgerichtshof
BGHZ	Amtliche Sammlung der Entscheidungen des Bundesgerichtshofes in Zivilsachen
BVB	Besondere Vertragsbedingungen
bzw.	beziehungsweise
DF	Dünnformat
d.h.	das heißt
EP – Vertrag	Einheitspreisvertrag
ff.	folgende Paragrafen (Seiten)
GMP – Vertrag	Garantierter – Maximal – Preis Vertrag
HOAI	Honorarordnung für Architekten und Ingenieure
IBR	Immobilien & Baurecht, Zeitschrift
i.d.R.	in der Regel
inkl.	Inklusive
i.S.	im Sinne
LG	Landgericht
LV	Leistungsverzeichnis

NJW	Neue Juristische Wochenschrift
NU	Nachunternehmer
n.v.	nicht veröffentlicht
OLG	Oberlandesgericht (mit Ortsname)
SFH	Schäfer/Finnern/Hochstein, Rechtssprechung zum privaten Baurecht, Urteilsammlung
u.a.	unter anderem
u.U.	unter Umständen
vgl.	vergleiche
v.H.	vom Hundert
VersR	Versicherungsrecht
VOB	Vergabe- und Vertragsordnung für Bauleistungen
ZTV	Zusätzliche Technische Vertragsbedingungen
ZVB	Zusätzliche Vertragsbedingungen

Abbildungsverzeichnis

Kapitel 1: Grundsatzfragen zur Vergütung

Ein Vergütungsanspruch entsteht mit Abschluss eines wirksamen Vertrages. Für das Entstehen eines Vergütungsanspruches ist es erforderlich, dass Einigkeit zwischen den Vertragspartnern besteht, dass der Auftragnehmer (AN) bestimmte Leistungen erbringt. Grundsätzlich werden die Vereinbarungen über die für die Herstellung der Leistung geschuldete Vergütung bei Vertragsabschluss, spätestens jedoch vor Beginn der Arbeiten getroffen. Die ordnungsgemäße und pünktliche Erbringung der Leistung ist die Hauptpflicht des AN. Die Vergütung dieser Leistung ist, neben der Pflicht zur Abnahme, die Hauptpflicht des Auftraggebers (AG). Wenn es bei Vertragsabschluss oder vor Ausführungsbeginn unterlassen wurde, eine Vergütung zu vereinbaren, gilt sie als stillschweigend vereinbart, wenn die Herstellung des Werkes den Umständen nach nur gegen eine Vergütung zu erwarten ist.[1] In diesem Fall steht dem AN eine ortsübliche und angemessene Vergütung zu. Diese ist im Zweifelsfall durch das Gericht bzw. den Sachverständigen zu bestimmen. Die Festlegung und die Abrechnung der Vergütung erfolgen dann nach Einheitspreisen.

Für die Vereinbarung einer bestimmten Vergütung hat der AN grundsätzlich die Darlegungs- und Beweislast. Auch nach der Abnahme ändert sich daran nichts.[2] Im Regelfall genügt die Angabe, für welche Leistung die Vergütung verlangt wird und welche Abmachungen dieser Forderung zugrunde liegen. In Ausnahmefällen trägt der AG die Darlegungs- und Beweislast.

Das BGB – Werkvertragsrecht geht in keiner Weise auf die speziellen Bedingungen im Baugeschehen ein. Um diesem misslichen Umstand Abhilfe zu schaffen, wurde von staatlicher Seite die Vergabe- und Vertragsordnung für Bauleistungen (VOB) eingeführt. Die VOB ist das Standardwerk für die Baupraxis. Die nachfolgenden Erläuterungen beschäftigen sich deshalb überwiegend mit den Regelungen der VOB. Die VOB ist entgegen der weitverbreiteten Meinung weder ein Gesetz, noch eine Rechtsverordnung oder ein Gewohnheitsrecht. Sie besitzt keine Allgemeingültigkeit und muss zwischen den Vertragspartnern wirksam vereinbart werden.

---

[1] § 632 Abs. 1 BGB
[2] BGH BauR 1995, 91

Der Teil A der VOB enthält Allgemeine Bestimmungen für die Vergabe von Bauleistungen und regelt darüber hinaus wichtige Begriffe, die auch für den Teil B von Bedeutung sind. Der öffentliche Auftraggeber muss aufgrund der bestehenden Verwaltungsvorschriften den Teil A der VOB und seine Vergabeformen beachten. Private Auftraggeber sind dagegen nicht an die Einhaltung der Vergabebestimmungen aus dem Teil A der VOB gebunden. Der Teil B der VOB wird als Allgemeine Geschäftsbedingungen für Bauleistungen im Sinne der §§ 305 ff BGB[3] verstanden und muss von den Parteien des Bauvertrages wirksam vereinbart werden, um Vertragsinhalt zu werden. Der Teil C der VOB enthält Allgemeine Technische Vertragsbedingungen für Bauleistungen. Wird der Teil B der VOB Vertragsinhalt, gilt Teil C automatisch als vereinbart.[4]

Der Teil B der VOB unterlag, wenn er nicht im Zuge von individuellen Vereinbarungen wesentlich verändert wurde, nicht einer einzelnen Inhaltskontrolle durch das AGB – Gesetz. Die VOB/B galt bis dahin als „privilegiertes Werk". Im Zuge der Schuldrechtsreform wurde zum 01.01.2002 das AGB – Gesetz abgeschafft und die Regelungen in modifizierter Form ins BGB übernommen. Die Regelungen finden sich jetzt in den §§ 305 ff BGB wieder. Die weitere Privilegierung der VOB/B wurde im Zuge der Schuldrechtsmodernisierung und der Übernahme des AGB – Gesetzes in das BGB nicht eindeutig erklärt. In der Literatur wird zur Zeit heftigst darüber diskutiert, ob die VOB/B als Ganzes überhaupt noch als privilegiertes Werk angesehen werden kann oder ob jetzt aufgrund der geänderten Bestimmungen zur Privilegierung nicht jede einzelne Regelung der VOB/B einer isolierten Inhaltskontrolle unterworfen ist.[5] Wird diese Auffassung vom 7. Senat des BGH bestätigt, würde eine weit reichende Veränderung der VOB/B notwendig. Die einzelnen Bestimmungen der VOB/B müssten dann alle auf den Prüfstand der isolierten Inhaltskontrolle nach den §§ 305 ff BGB.

Zunächst muss die Rechtssprechung in den nächsten Monaten abgewartet werden, um Klarheit über den Sachverhalt zu erlangen. Die nachfolgenden Ausführungen sind daher auf der Grundlage der „alten" Rechtsprechung verfasst, in der die VOB/B noch als privilegiertes Werk verstanden wird.

---

[3] ehemals AGB - Gesetz
[4] § 1 Nr. 1 VOB/B
[5] Quak, ZfBR 2002, 428, Weyer, BauR 2002, 857

1.1 Bausoll - Vertragstypen

a) Bausoll

Das *Bausoll* ist die aus dem Vertrag und seinen Bestandteilen sich ergebende vertraglich geschuldete Leistung. Die Beschreibung des Bausolls liegt im Aufgaben- und Risikobereich des AG. Der AG hat dafür zu sorgen, dass klargestellt wird, was und wie gebaut wird. Unklarheiten und Lücken im Bausoll gehen daher grundsätzlich zu Lasten des AG. Alle Bestandteile des Vertrages beschreiben das Bausoll. Zu den Bestandteilen des Vertrages gehören u.a. die Leistungsbeschreibung, Zeichnungen, Details, aber auch Technische und Allgemeine Vertragsbedingungen. Das Bausoll wird auch durch die Bauumstände beschrieben.

Der AN hat nicht schrankenlos alle Leistungen zu erbringen, die erfolgssichernd sind, sondern lediglich das vertraglich beschriebene Bausoll. Macht der verlangte Erfolg mehr als das Bausoll notwendig, das durch den § 2 Nr. 1 VOB/B trefflich beschrieben wird, ist eine zusätzliche Vergütung gerechtfertigt.

Die Behandlung von geänderten oder zusätzlichen Leistungen und die Antwort auf die Frage nach einer veränderten Vergütung richtet sich danach, ob und in welcher Weise das Bausoll und die vereinbarten Bauumstände die damit geschuldete Leistung zutreffend beschreiben. Das Bausoll stellt den vertraglich beschriebenen Leistungsinhalt dar. Dieser kann sich jedoch vom vertraglich geschuldeten Erfolg unterscheiden. Das Bausoll soll nach prognostischer Einschätzung des Planers lediglich geeignet sein, den Erfolg zu erreichen. Das Bausoll ist auch in der Art und Weise der Beschreibung von der jeweiligen Vertragsform abhängig.

b) Vertragstypen

Die Berechnung der Vergütung bei einem VOB - Vertrag ist von der *Vertragsform* abhängig. Üblicherweise teilt man die verschiedenen Vertragsformen in Leistungsverträge und Aufwandsverträge ein. Der Einheitspreisvertrag und der Pauschalvertrag sind Leistungsverträge. Die Aufwandsverträge gliedern sich in Stundenlohnvertrag und Selbstkostenerstattungsvertrag.

Der § 5 VOB/A enthält Kriterien für die Wahl der auf die auszuführende Bauleistung zugeschnittenen Vertragsart. Die Einheitspreisverträge sowie die Pauschalverträge werden im Baugeschehen am häufigsten verwendet. Den Selbstkostenerstattungsvertrag findet man heute nur noch selten. Eine neuerliche Vertragsform stellt der GMP – Vertrag (Garantierter Maximal Preis – Vertrag) dar.

Die verschiedenen Vertragstypen beschreiben das Bausoll auf unterschiedliche Art und Weise. Deshalb steht das Bausoll mit den Vertragstypen in einem unmittelbaren Zusammenhang.

c) Einheitspreisvertrag

Die Vergütung beim Einheitspreisvertrag wird auf der Grundlage von positionsbezogenen Leistungsbeschreibungen und der zum Zeitpunkt des Vertragsschlusses angenommenen Mengen (Vordersätze) vorläufig bestimmt. Es wird für jede Position ein Einheitspreis ausgegeben. Dieser Einheitspreis bildet in Verbindung mit der Mengeneinheit durch Multiplikation den Gesamtpreis der Position. Die Summe aller Positionspreise macht dann die vorläufige Auftragssumme aus. Die endgültige Abrechnungssumme bildet sich nach den tatsächlich ausgeführten Leistungen und den daraus resultierenden Mengen. Zur Ermittlung der tatsächlichen Mengen dient das Aufmaß. Der Angebotsendpreis ist meistens keineswegs identisch mit der endgültigen Abrechnungssumme, da die tatsächlich ausgeführten Mengen im Vorfeld einer Baumaßnahme oftmals nicht genau bestimmt werden bzw. werden können.

Die vertraglich vereinbarten Einheitspreise sind grundsätzlich Festpreise. Sie bleiben in ihrer Höhe unverändert, wenn nicht nach den Bestimmungen des § 2 Nr. 3 VOB/B (Mengenänderungen), des § 2 Nr. 5 VOB/B (geänderte Leistung) oder des § 2 Nr. 6 (zusätzliche Leistung) der Einheitspreis verändert wird. Wird der Einheitspreis nachträglich nicht mehr verändert, hat dies zur Folge, dass, ohne eine Regelung zur Lohn- und Materialpreisgleitung, nach Vertragsschluss eintretende Veränderungen im Lohnniveau sowie bei den Materialpreisen im Risikobereich des AN liegen. Bei größeren Baumaßnahmen, die über einen längeren Zeitraum gehen, ist jedoch die Vereinbarung einer Lohn- und Materialpreisgleitklausel üblich.

Die Beschreibungen der einzelnen Positionen, also die Leistungsbeschreibung und der Einheitspreis im Leistungsverzeichnis, sind verbindlicher Inhalt des Bauvertrages, an den die Vertragspartner gebunden sind. Dies gilt also nicht für Mengenansätze bei einem Einheitspreisvertrag, die nur Richtschnur und Kalkulationsgrundlage sind. Mengenänderungen werden immer bei der Abrechnung des Einheitspreisvertrages berücksichtigt.

Häufig ergeben sich Schwierigkeiten bei der Frage, ob ein Bauvertrag als Pauschal - oder Einheitspreisvertrag anzusehen ist. Man findet nicht selten Verträge, die als Pauschalpreisvertrag gekennzeichnet sind, in denen aber zugleich vorgesehen ist, dass die Abrechnung der Leistung nach den tatsächlichen Mengen erfolgen soll. Eine derartige Vereinbarung steht im Widerspruch zum Wesen des Pauschalpreisvertrages, da bei diesem kein Aufmaß notwendig ist. Im Zweifelsfall werden solche Verträge von der Rechtsprechung als Einheitspreisverträge behandelt, wobei dann ein eventuell gewährter Nachlass auf die Einheitspreise prozentual umgelegt werden muss.

Ein sehr wichtiger Punkt beim Einheitspreisvertrag ist das gemeinsame Aufmaß. Wurde ein Einheitspreisvertrag vereinbart, sollte von beiden Vertragspartnern Wert auf ein gemeinsames Aufmaß gelegt werden.[6] Häufig wird die gemeinsame Erstellung eines Aufmasses vergessen, was dann im Nachhinein zu Streitigkeiten zwischen den Vertragspartnern führen kann. Derartige Auseinandersetzungen sind oft mit einem Nachteil für den AN verbunden, da er die Beweislast für den Umfang der ausgeführten Leistung hat.

d) Pauschalvertrag

Die Vergütung bei den Pauschalverträgen erfolgt mit Hilfe einer so genannten Pauschalen. Diese Pauschale wird auf der Grundlage der Vertragsunterlagen erstellt und bildet den Festpreis für die Leistung, wie sie durch den Vertrag und seine Bestandteile festgelegt ist. Als Vertragspreis ist nicht ein Einheitspreis maßgebend, ebenso auch nicht der Positionspreis des zum Vertrag gewordenen Leistungsverzeichnisses, sondern allein und ausschließlich der vertraglich vereinbarte Pauschalpreis. Grundsätzlich ist der Pauschalpreis unabhängig von der tatsächlich erbrachten

---

[6] § 14 Nr. 2 VOB/B

Gesamtleistung, insbesondere von den im Vordersatz des Leistungsverzeichnisses aufgeführten Mengenangaben und den dazugehörigen Einheitspreisen. Die beauftragte Leistung ist unabhängig von den tatsächlichen Mengen durch die Pauschale zu vergüten. Das Mengenrisiko trägt bei einem Pauschalvertrag stets der AN.

Die Ansprüche auf eine Veränderung der Vergütung beim Pauschalvertrag werden durch den § 2 Nr. 7 VOB/B geregelt. Dieser sieht vor, dass die §§ 2 Nr. 4, Nr. 5, Nr. 6 VOB/B unberührt bleiben, also angewendet werden können.

Die Pauschalverträge unterscheidet man in Global-Pauschalverträge und in Detail-Pauschalverträge. Der Unterschied zwischen den Vertragsformen liegt in der Art der Leistungsbeschreibung. Beim Global-Pauschalvertrag dient eine globale, also nicht detaillierte Leistungsbeschreibung (Funktionale Leistungsbeschreibung) zur Beschreibung des Bausolls. Dem Detail-Pauschalvertrag liegt dementsprechend eine detaillierte Leistungsbeschreibung zu Grunde.

Die Differenzierung der Pauschalpreisverträge in Global- und Detailpauschalvertrag ist jedoch mit Vorsicht zu betrachten, da in der Praxis sehr oft Mischverträge aus Detail- und Globalpauschalvereinbarungen entstehen. Im Zweifelsfall bedürfen die Fragen des Leistungsinhaltes sowie der Nachtragsfähigkeit einer genauen Prüfung im Einzelfall. Maßgebend für die Bestimmung des Leistungsinhaltes bleibt auch beim Pauschalvertrag die Leistungsbeschreibung.[7]

aa) Detail-Pauschalvertrag

Die Leistungsbeschreibung beim Detail-Pauschalvertrag ist im „Schulfall" ein komplettes Leistungsverzeichnis wie beim Einheitspreisvertrag, wobei die einzelnen Leistungen in Positionen genau beschrieben sind. Die Vertragspartner orientieren sich in diesen Fällen am Einheitspreisvertrag, wollen aber anschließend eine Pauschalvergütung vereinbaren. Die Vereinbarung einer Pauschalen muss eindeutig von beiden Vertragspartnern erklärt werden. Schwierigkeiten können dann entstehen, wenn ein Bieter mit Hilfe eines detaillierten Leistungsverzeichnisses auf der Basis der Einheitspreise ein Angebot abgibt und die Parteien dann nur

---

[7] OLG Koblenz, BauR 1997, 143

noch über den Angebotsendpreis verhandeln. Wird in einem derartigen Fall nicht eindeutig ein Pauschalpreis vereinbart, so ist weiterhin von einem Einheitspreisvertrag auszugehen.

Im Falle des Detailpauschalvertrages trägt der AN grundsätzlich nur das Mengenrisiko, nicht jedoch das Risiko unklarer Leistungsermittlung bzw. qualitativer Abweichung von der dem Pauschalvertrag zugrunde liegenden Planung. Der AN muss nur das bauen, was auch in der detaillierten Leistungsbeschreibung enthalten ist. So genannte angehängte Komplettheitsklauseln sind bei diesem Vertragstyp nach den Regelungen der §§ 305 ff BGB[8] unwirksam.

bb) Global-Pauschalvertrag

Kennzeichnend für den Global-Pauschalvertrages ist, dass die Leistungen nicht so detailliert beschrieben werden wie bei einem Detailpauschalvertrag. Meist erfolgt die Ausschreibung nur über eine funktionale Leistungsbeschreibung oder eine Baubeschreibung, die im Wesentlichen durch erfolgsbezogene Vorgaben die Leistung allgemein beschreibt. Der AN trägt in diesen Fällen nicht nur das Mengenrisiko, sondern auch das Risiko der Leistungserfüllung in qualitativer Hinsicht.

Bei solchen funktionalen Leistungsbeschreibungen gibt der AG nur Vorgaben hinsichtlich der Leistung, der gewünschten Funktion und der technischen Standards. Er überlässt jedoch dem AN die konkrete Art und Weise der Ausführung.

Die Prüfung der Leistungsbeschreibung durch den AN bei der Angebotserstellung ist deshalb von großer Bedeutung. In baurechtlichen Auseinandersetzungen ist sehr oft die Frage streitig, was nach den vertraglichen Bestimmungen die geschuldete Leistung war.

Ist beispielsweise im Rahmen einer globalen Leistungsbeschreibung der Fußbodenbelag in einer Hoteleingangshalle nicht näher beschrieben, kann der AN dort nicht einfach einen Teppichboden verlegen. Der AN muss bei einem Globalpauschalvertrag auch den Architektonischen Anforderungen des Gebäudes gerecht werden. In diesem Zusammenhang ist ebenfalls denkbar, dass der AG im Laufe der Baumaßnahme den Leistungsumfang

---

[8] ehemals AGB - Gesetz

mit einer Anordnung konkretisiert. In einem derartigen Fall muss der AN prüfen, ob die Kronkretisierung durch den AG vom Vertragsinhalt erfasst wird. Häufig ist das jedoch bei einem Globalpauschalvertrag der Fall.

Das Bausoll bei einem Globalpauschalvertrag richtet sich demnach in erster Linie nach der vertraglichen Beschaffenheit. Ebenfalls zum Bausoll des Globalpauschalvertrages gehören die Öffentlich-Rechtlichen Vorschriften, die Funktion der Leistung und die anerkannten Regeln der Technik. Ebenso muss der AN den Architektonischen Anforderungen des Gebäudes gerecht werden.

e) Stundenlohnvertrag

Bauleistungen von geringen Ausmaßen, die überwiegend Lohnkosten enthalten, werden häufig als Stundenlohnvertrag vereinbart. Der Auftragnehmer ist nach seinem tatsächlichen Zeitaufwand zu vergüten.

Stundenlohnpositionen werden in der Praxis oftmals als Regiearbeiten ohne Zuweisung einer besonderen Leistung vereinbart. Stundenlohnarbeiten werden nur vergütet, wenn sie als solche vor ihrem Beginn ausdrücklich vereinbart worden sind.[9] Sie müssen bei Vereinbarung einer bestimmten Leistung zugeordnet werden. Die Stundenlohnarbeiten regelt im Übrigen der § 15 des Teiles B der VOB.

f) Selbstkostenerstattungsvertrag

Der Selbstkostenerstattungsvertrag ist heute nur noch von geringer praktischer Bedeutung. Bei dieser Vertragsform ist ebenfalls die tatsächlich erbrachte Leistung maßgebend. Es wird im Vorfeld vereinbart, wie Löhne, Stoffe, Gerätevorhaltung und andere Kosten einschließlich der Gemeinkosten abgerechnet werden.

Der Selbstkostenerstattungsvertrag wird angewendet, wenn eine Bauleistung vor Beginn nicht so eindeutig und ausschöpfend bestimmt werden kann, so dass eine reale Preisermittlung nicht möglich ist. Teilweise wird der GMP – Vertrag als Selbstkostenerstattungsvertrag angesehen.[10]

---

[9] § 2 Nr. 10 VOB/B
[10] Oberhauser, BauR 2000, 1397, 1401

g) GMP – Vertrag (Garantierter Maximal Preis – Vertrag)

Der GMP – Vertrag ist eine neue Vertragsform, den die VOB in dieser Form noch nicht kennt. Bei dieser Vertragsform wird der AN sehr früh in die Planung mit einbezogen. Bei einem annähernd konkretisierten Planungsstand wird ein Maximalpreis kalkuliert und vereinbart. Es wird dann versucht, diesen Maximalpreis durch die Optimierung der fortschreitenden Planung und die gemeinsame Vergabe an Nachunternehmer zu unterschreiten. Der überschüssige Betrag, um den der Maximalpreis unterschritten wird, wird dann zwischen AG und AN aufgeteilt.

Das Modell des GMP – Vertrages bietet einen vernünftigen Ansatz und eine Chance, den Willen der Vertragspartner zu bündeln und diese zur „gemeinsamen" Kostenoptimierung zu bewegen. Da das GMP – Modell zum gegenwärtigen Zeitpunkt in der Praxis noch keine flächendeckende Anwendung findet, ist es für die nachfolgenden Erläuterungen von geringerer Bedeutung.

1.2 Vertragliche Leistung – Regelung des § 2 Nr. 1 VOB/B

> **§ 2 Nr. 1 VOB/B (Auszug aus der VOB 2002)**
>
> Durch die vereinbarten Preise werden alle Leistungen abgegolten, die nach der Leistungsbeschreibung, den Besonderen Vertragsbedingungen, den Zusätzlichen Vertragsbedingungen, den Zusätzlichen Technischen Vertragsbedingungen, den Allgemeinen Technischen Vertragsbedingungen für Bauleistungen und der gewerblichen Verkehrssitte zur vertraglichen Leistung gehören.

a) Grundsätzliches zum § 2 Nr. 1 VOB/B

Der § 2 Nr. 1 VOB/B beschreibt, welche Bestandteile zur vertraglichen Leistung gehören und durch die vereinbarten Preise abgeholt werden. Eine Unterscheidung zwischen den Vertragsformen wird im § 2 Nr. 1 VOB/B zunächst nicht getroffen. Unabhängig vom Vertragstyp ist zunächst höchster Wert auf das genaue Studium der Leistungsbeschreibung sowie der technischen und rechtlichen Vertragsbedingungen zu legen. Solche Vertragsbedingungen findet man oftmals auch in den Vorbemerkungen der Leistungsverzeichnisse, die man aufmerksam lesen sollte.

Grundsätzlich geht die VOB davon aus, dass die vereinbarte Vergütung alle vertraglichen Leistungen umfasst. Bestandteile des Vertrages sind in erster Linie die Leistungsbeschreibungen. Des Weiteren zählen die Besonderen Vertragsbedingungen, die Zusätzlichen Vertragsbedingungen, die Zusätzlichen Technischen Vertragsbedingungen sowie die Allgemeinen Technischen Vertragsbedingungen dazu. Auch eine Vereinbarung über die Bauzeit ist Vertragsbestandteil, da sie Auswirkungen auf die Preiskalkulation hat.[11] Die gewerbliche Verkehrssitte gehört ebenfalls zur vertraglichen Leistung.

Oftmals wird bei Vertragsverhandlungen ein so genanntes Verhandlungsprotokoll geführt. Dieses Protokoll wird i.d.R. zum Vertragsbestandteil erklärt. Ferner wird in Verträgen häufig vereinbart, dass etwaige Angebotsschreiben mit den darin enthaltenen Hinweisen und Ergänzungen ebenfalls Vertragsbestandteil werden. Auch die Vorbemerkung zu einer Ausschreibung wird zum Vertragsinhalt.

Über all diese Vertragsbestandteile muss der AN gut unterrichtet sein, wenn er einen Bauvertrag, insbesondere einen VOB – Vertrag, abschließt, und dann die Bauleistung auf der Grundlage der VOB ausführen will.

b) Leistungsbeschreibung

Die Beschreibung der Leistung gehört zu den Aufgaben des AG. Er hat klarzustellen, was und wie gebaut werden soll. Die Leistungsbeschreibung ist der Kern eines jeden Bauvertrages. Sie definiert das Bausoll und bildet dio Grundlago für dio Vergütung. Die Anforderungen an eine Leistungsbeschreibung werden in § 9 der VOB Teil A beschrieben. Der Teil A der VOB wird für gewöhnlich in privaten Rechtsverhältnissen nicht vereinbart, jedoch kann der § 9 VOB/A immer als Auslegungshilfe herangezogen werden. Dieser baut auf den Grundsätzen von Treu und Glauben[12] auf und ist deshalb auch ohne Vereinbarung der VOB/A anwendbar.

Zur Leistungsbeschreibung gehören u.a. die Leistungsverzeichnisse, Baubeschreibungen, Zeichnungen und Detailpläne. Diese Bestandteile sind grundsätzlich gleichrangig.

---

[11] OLG Düsseldorf BauR 1991, 660
[12] § 242 BGB

Die meisten Rechtsstreitigkeiten am Bau entstehen aufgrund mangelhafter Leistungsbeschreibungen. Achtzig bis neunzig Prozent aller Bauprozesse würden nicht stattfinden, wenn die Leistungen ausreichend genau beschrieben wären.[13] Der AG bzw. sein Architekt sollte daher größten Wert darauf legen, dass die gewünschte Leistung in einer Art und Weise beschrieben wird, die den Spielraum für Streitigkeiten gering hält.

Die Leistungen sind eindeutig und so erschöpfend zu beschreiben, dass alle Bewerber die Beschreibung im gleichen Sinne verstehen müssen und ihre Preise sicher und ohne umfangreiche Vorarbeiten berechnen können.[14] Diese Regelung aus der VOB ist nur verpflichtend, wenn der Teil A auch vereinbart wurde. Das ist i.d.R. nur bei öffentlichen Auftraggebern der Fall.

Weitere Allgemeine Anforderungen für das Aufstellen von Leistungsverzeichnissen befinden sich im Abschnitt 0 der DIN 18299 (VOB/C).

c) Besondere und Zusätzliche Vertragsbedingungen

Die Allgemeinen Vertragsbedingungen sind in der VOB/B enthalten und können angewendet werden, wenn die VOB/B zwischen den Vertragspartnern explizit vereinbart wird.

Besondere und Zusätzliche Vertragsbedingungen müssen zwischen den Vertragspartnern aufgestellt und vereinbart werden. Greifen derartige Individualvereinbarungen in den Kern der VOB/B ein, unterliegen die einzelnen Paragrafen der VOB einer isolierten Inhaltskontrolle. Die VOB/B ist dann nicht mehr als „Ganzes" vereinbart, was für sämtliche Regelungen des Bauvertrages unkalkulierbare Folgen haben kann.

Besondere Vertragsbedingungen (BVB) sind objektabhängig und regeln beispielsweise Vereinbarungen über die Bauzeit oder über die Vertragsstrafe. Diese Bestandteile sollten grundsätzlich in den Besonderen Vertragsbedingungen geregelt werden, weil jede Baustelle in der Regel andere Bauzeiten erfordert und nicht grundsätzlich für jede Baumaßnahme eine Regelung zur Bauzeitüberschreitung getroffen wird.

---

[13] Zitat Prof. Dr. Vygen, Richter a. D., OLG Düsseldorf
[14] § 9 Nr. 1 VOB/A

Die *Zusätzlichen Vertragsbedingungen (ZVB)* sollen die Angaben aus dem Teil B der VOB ergänzen. Der § 10 Nr. 4 VOB/A gibt vor, welche Punkte in den ZVB bzw. BVB geregelt werden sollen. Dies betrifft beispielsweise Regelungen für die Abnahme oder die Sicherheitsleistungen.

Der Auftraggeber kann Besondere und Zusätzliche Vertragsbedingungen selbst aufstellen. Wichtig ist jedoch, dass diese Klauseln nicht unwirksam im Sinne der §§ 305 ff BGB[15] sind.

d) Zusätzliche Technische und Allgemeine Technische Vertragsbedingungen

Die *Allgemeinen Technischen Vertragsbedingungen (ATV)* entsprechen den DIN – Vorschriften des Teiles C der VOB. Sie sind anerkannte Regeln der Technik (a.R.d.T). Die VOB/C wird automatisch Bestandteil des Vertrages, wenn die VOB/B vereinbart wurde.[16] Maßgebend für die rechtliche Beurteilung der a.r.d.T. ist der Zeitpunkt der Abnahme. Die ATV regeln geordnet nach Gewerken z.B. die Besonderen Leistungen und die Nebenleistungen sowie Abrechnungs- und Ausführungsbestimmungen.

Die *Zusätzlichen Technischen Vertragsbedingungen* stellen eine Erweiterung der Allgemeinen Technischen Vertragsbedingungen dar. Sie sind nur dann anzuwenden, wenn sie Leistungen definieren sollen, die die ATV nicht enthalten. Dies sind beispielsweise Regelungen zu bestimmten Stoffen, Bauteilen oder zur speziellen Abrechnung mit besonderen Aufmassbestimmungen.

e) Gewerbliche Verkehrssitte

Als gewerbliche Verkehrssitte werden solche Leistungen bezeichnet, die nach Auffassung der betreffenden Fachkreise am Ort der Leistung als mit zur Bauleistung gehörig zu betrachten sind. Dazu zählen beispielsweise die einschlägigen anerkannten Regeln der Technik sowie der Stand der Technik.

Leistungen aus der gewerblichen Verkehrssitte heraus sind zum Beispiel Lärmschutzmaßnahmen für den Bereich des Betriebes auf der Baustelle,

---

[15] ehemals AGB – Gesetz
[16] § 1 Nr. 1 VOB/B

die sich aus einer gesetzlichen Bestimmung oder einer Verwaltungsvorschrift ergeben. Diese Leistungen müssen nicht im LV oder in den einzelnen Vertragsbestandteilen erwähnt sein, gehören aber trotzdem zum Leistungsinhalt und damit zur geschuldeten Leistung.

f) Vertragsklauseln im Sinne der §§ 305 bis 310 BGB (ehemals AGB-Gesetz)

In den nachfolgenden Kapiteln wird des Öfteren auf Bauvertragsklauseln im Sinne der §§ 305 ff BGB (ehemals AGB – Gesetz) eingegangen. Die §§ 305 ff BGB regeln die Gestaltung rechtsgeschäftlicher Schuldverhältnisse durch Allgemeine Geschäftsbedingungen. Allgemeine Geschäftsbedingungen sind alle für eine Vielzahl von Verträgen vorformulierten Vertragsbedingungen, die eine Vertragspartei bei Abschluss eines Vertrages stellt.[17] Nach Meinung des BGH entsteht eine Allgemeine Geschäftsbedingung, wenn eine mindestens dreimalige Verwendung einer Vertragsbedingung vom Verwender beabsichtigt wird.[18]

Aus der Definition der Allgemeinen Geschäftsbedingungen geht hervor, dass Vereinbarungen, wenn sie nicht für eine Vielzahl von Verträgen vorformuliert wurden, nicht als AGB angesehen werden können. Derartige individuelle Vertragsbedingungen unterliegen dann auch keiner Inhaltskontrolle durch den § 307 BGB.[19] Individualvereinbarungen müssen aber zwischen den Vertragspartnern einzeln ausgehandelt und vereinbart werden. Grundsätzlich können Individualvereinbarungen auch einseitige Benachteiligungen für einen Vertragspartner formulieren, jedoch dürfen sie nicht gegen die guten Sitten[20] verstoßen.

Der überwiegende Teil der Vertragsklauseln, die üblicherweise bei der Vertragsgestaltung zu Bauverträgen formuliert werden, sind Allgemeine Geschäftsbedingungen i.S. der §§ 305 ff BGB. Die in den nachfolgenden Kapiteln zitierten Vertragsklauseln sind sämtlich Allgemeine Geschäftsbedingungen i.S. der §§ 305 ff BGB.

---

[17] § 305 Abs. 1 Satz 1 BGB
[18] BGH, Az: VII ZR 318/95
[19] ehemals § 9 AGB - Gesetz
[20] § 138 BGB

g) Rangfolgenregelung des § 1 Nr. 2 VOB/B

Treten Widersprüche im Vertrag bezüglich der Rangfolge der einzelnen Vertragsbestandteile auf, regelt dies der § 1 Nr. 2 VOB/B. Sollte jedoch im Vertrag die Rangfolge speziell geregelt werden, hat diese Vereinbarung Vorrang vor der allgemeinen Regelung.

Nicht selten treten Widersprüche in den einzelnen Vertragsbedingungen auf. Hier entsteht dann die Frage, welche Regelung nun Gültigkeit hat.

Sehr oft treten in der Praxis Widersprüche zwischen Leistungsbeschreibungen und Zeichnungen auf. Wurden einer Ausschreibung Zeichnungen beigefügt, die als Grundlage der Kalkulation dienen sollen, hat die Positionsbeschreibung Vorrang.[21] Allerdings ist die vorgenannte Entscheidung des OLG Düsseldorf sehr umstritten. Maßgebend für die Abgrenzung bei Widersprüchen zwischen Text und Zeichnung ist vielmehr, welcher Art der Widerspruch ist, um welchen Vertragstyp es sich handelt und was das Ergebnis der Auslegung im Einzelfall unter Zugrundelegung aller Vertragsbestandteile ist. Es ist daher immer empfehlenswert, jeden Fall einzeln zu prüfen und Unklarheiten bereits in der Angebotsphase auszuräumen.

Erhält der AN nach Vertragsabschluss Ausführungszeichnungen, die nicht mit der Leistungsbeschreibung übereinstimmen, stellt dies eine Anordnung des AG dar.[22] Der AN muss die Leistung ausführen, sofern sein Betrieb auf derartige Leistungen eingerichtet ist.[23] Die Anordnung des AG ist die Grundlage für eine Änderung der Vergütung.

Die nachfolgende Abbildung 1 stellt eine gute Übersicht zur Rangfolgenregelung des § 1 Nr. 2 VOB/B dar.

---

[21] OLG Düsseldorf, SFH Z 2.301 Bl. 5 ff
[22] § 1 Nr. 3 VOB/B
[23] § 1 Nr. 4 VOB/B

---

§ 1 Nr. 2 VOB/B
Art und Umfang der Leistung

Leistungsbeschreibung
(LVs, Zeichnungen, Pläne)

Besondere
Vertragsbedingungen - BVB

Zusätzliche
Vertragsbedingungen - ZVB

Zusätzliche Technische
Vertragsbedingungen - ZTV

Allgemeine Technische
Vertragsbedingungen –
VOB/C

Allgemeine
Vertragsbedingungen für die
Ausführung – VOB/B

Regelung der folgenden Punkte:
(siehe auch § 10 Nr. 4 VOB/A)
- Unterlagen
- Benutzung von Lager- und Arbeitsplätzen, Zufahrtswegen, Anschlussgleisen, Wasser- und Energieanschlüssen
- Weitervergabe an Nachunternehmer
- Ausführungsfristen
- Haftung
- Vertragsstrafen und Beschleunigungsvergütungen
- Abnahme
- Vertragsart, Abrechnung
- Stundenlohnarbeiten
- Zahlungen, Vorauszahlungen
- Sicherheitsleistung
- Gerichtsstand
- Lohn- und Gehaltsnebenkosten
- Änderung der Vertragspreise

Regelung der folgenden Punkte:
- Stoffe und Bauteile
- Nebenleistungen
- Ausführung
- Abnahme
- Gewährleistung
- Abrechnung

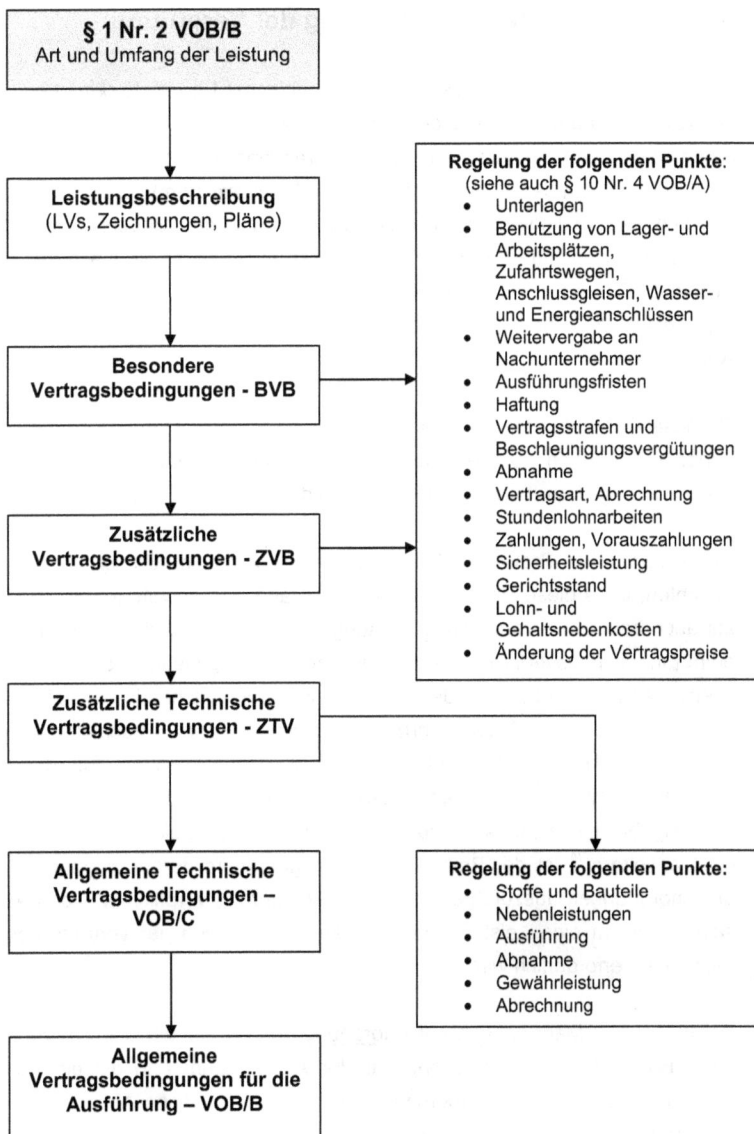

Abbildung 1: Rangfolge der Vertragsbestandteile bei Widersprüchen nach § 1 Nr. 2 VOB/B

Kapitel 2: Nachträge – Änderung der Vergütung

Der „Nachtrag" ist kein juristischer oder technischer Begriff. Er wird weder im BGB noch durch die VOB definiert. Trotzdem hat er in der Baubranche einen hohen Bekanntheitsgrad. Ein Nachtrag bezeichnet Leistungen, die nicht oder nicht in der ursprünglich vereinbarten Form zum Vertragsumfang gehören. Weicht die vertraglich vereinbarte Leistung, das „Bausoll", von der tatsächlich erbrachten Leistung, dem „Bauist", ab, kommt ein Nachtrag in Betracht. Die Art und der Umfang der Nachträge sind abhängig vom Vertragstyp und der damit verbundenen vertraglichen Verantwortung des Auftragnehmers.

Grundsätzlich trägt die Beweislast bei einer Nachtragsforderung immer derjenige, der sich auf die Änderungsanordnung und die Änderung der Preisgrundlage beruft. Dies ist in der Regel der Auftragnehmer.

Die vereinbarten Preise sind grundsätzlich Festpreise. Es ist aber zu beachten, dass diese Preise zwar fest sind, aber nur sowohl für die feste als auch bestimmte vertragliche Leistung. Es gibt deshalb die Möglichkeit, beim Einheitspreisvertrag sowie beim Pauschalvertrag die fest vereinbarten Preise nachträglich zu verändern. Dies ist in der Praxis häufig der Fall, da es im Laufe der Bauausführung oftmals zu den verschiedensten Änderungen des Leistungsinhaltes kommt. Die Ursachen für diese Änderungen sind meistens sehr unterschiedlicher Natur. So kann z.B. der Auftraggeber einseitige Anordnungen treffen, die eine Leistung verändern oder erweitern.[24] Ist der Betrieb des Auftragnehmers darauf eingerichtet, die Anordnungen auszuführen, ist er zur Ausführung verpflichtet, wenn es sich dabei um eine Leistung handelt, die zur Erfüllung der vertraglichen Leistungen erforderlich wird.[25]

Ferner können Mehrmengen auf <u>Anordnung des AG</u> bei der Durchführung einer Baumaßnahme entstehen. Hat der Auftragnehmer in diesem Fall keine Mengengarantie übernommen, stehen ihm für diese Mehrmengen entsprechende Mehrvergütungen zu.

Bei der Beurteilung von Nachtragsansprüchen sollte man in der Praxis immer ein gewisses „Fingerspitzengefühl" beweisen. Oftmals führen

---

[24] § 1 Nr. 3 VOB/B
[25] § 1 Nr. 4 VOB/B

Forderungen nach einer Änderung der Vergütung zu Streitigkeiten zwischen den Vertragspartnern. Das Verhältnis zwischen Auftraggeber und Auftragnehmer wird dadurch oftmals sehr stark belastet. Um diese Streitigkeiten zu verhindern, ist es ratsam, stets sehr genau zu prüfen, ob ein Nachtrag an der gedachten Stelle berechtigt ist. Es ist zu hinterfragen, ob der Nachtrag *vom Grunde her* und *in der Höhe* gerechtfertigt ist. In diesem Zusammenhang ist es auch wichtig zu wissen, dass der AG ebenfalls eine Änderung der Vergütung und ggf. Minderkosten verlangen kann.

Die VOB/B kennt verschiedene Anspruchsgrundlagen für Nachträge und Vergütungsänderungen, die in diesem Kapitel erläutert werden. Die Vergütung wird in der VOB Teil B durch den § 2 geregelt. Ist ein auftretender Sachverhalt nicht im § 2 der VOB/B geregelt, kommt eine Änderung der Vergütung nur in Betracht, wenn die so genannte Opfergrenze überschritten wurde. D.h. wenn die ursprünglich vorgesehene Vergütung aufgrund veränderter Umstände in keinem vertretbaren Verhältnis zur Leistung steht. Man spricht dann vom Wegfall der Geschäftsgrundlage. Die Rechtssprechung stellt jedoch an ein Berufen auf den Wegfall der Geschäftsgrundlage sehr strenge Anforderungen. So stellt etwa eine zwanzigprozentige Erhöhung des gesamten Leistungsaufwandes ohne Eingriff des AG bei einem Pauschalvertrag noch keinen Wegfall der Geschäftsgrundlage dar, da die Erhöhung sich noch immer im Risikobereich des AN befindet.

Eine ordnungsgemäße Dokumentation ist bei der Behandlung von Nachträgen unumgänglich. Die Anspruchsvoraussetzungen müssen im Streitfall nachweisbar dargelegt werden, um Bestand zu haben. Bei gerichtlichen Auseinandersetzungen gewinnt grundsätzlich nicht derjenige, der tatsächlich Recht hat, sondern derjenige, der seinen Standpunkt beweisen kann. Deshalb sollten die Standpunkte und Entscheidungen der Vertragspartner ordnungsgemäß dokumentiert werden. Im Falle einer Vergütungsänderung ist besonders auf die Nachweisbarkeit der Änderungsanordnung Wert zu legen. Bei einer gerichtlichen Auseinandersetzung müssen die Voraussetzungen des Vergütungsanspruches bewiesen werden.

Eine schematische Übersicht über die Vergütung vertraglich nicht vorhergesehener Leistungen nach VOB/B gibt die Abbildung 2.

```
┌─────────────────────┐
│ Ist die zu vergütende│         ┌──────────────────────┐
│ Leistung im Vertrag  │  ┌────┐ │                      │
│ vorgesehen (Bau-     │─▶│ Ja │▶│ Vergütung nach Vertrag│
│       Soll)?         │  └────┘ │                      │
└─────────────────────┘         └──────────────────────┘
           │
       ┌───────┐
       │ Nein  │
       └───────┘
           │
           ▼
┌─────────────────────┐
│ Um welche Art nicht  │
│ vorhergesehener      │
│ Leistungen handelt es│
│       sich?          │
└─────────────────────┘
```

Mengenänderung ohne Eingriff des AG	Leistungsänderung/ Zusatzleistung	Behinderung/ Unterbrechung
Mehrmengen § 2 Nr. 3 VOB/B	Leistung übernimmt der AG § 2 Nr. 4 VOB/B	§ 6 Nr. 1-7 VOB/B
Mindermengen § 2 Nr. 3 VOB/B	Änderung der Leistung § 2 Nr. 5 VOB/B	
	Zusätzliche Leistung § 2 Nr. 6 VOB/B	
	Leistung ohne Auftrag § 2 Nr. 8 VOB/B	

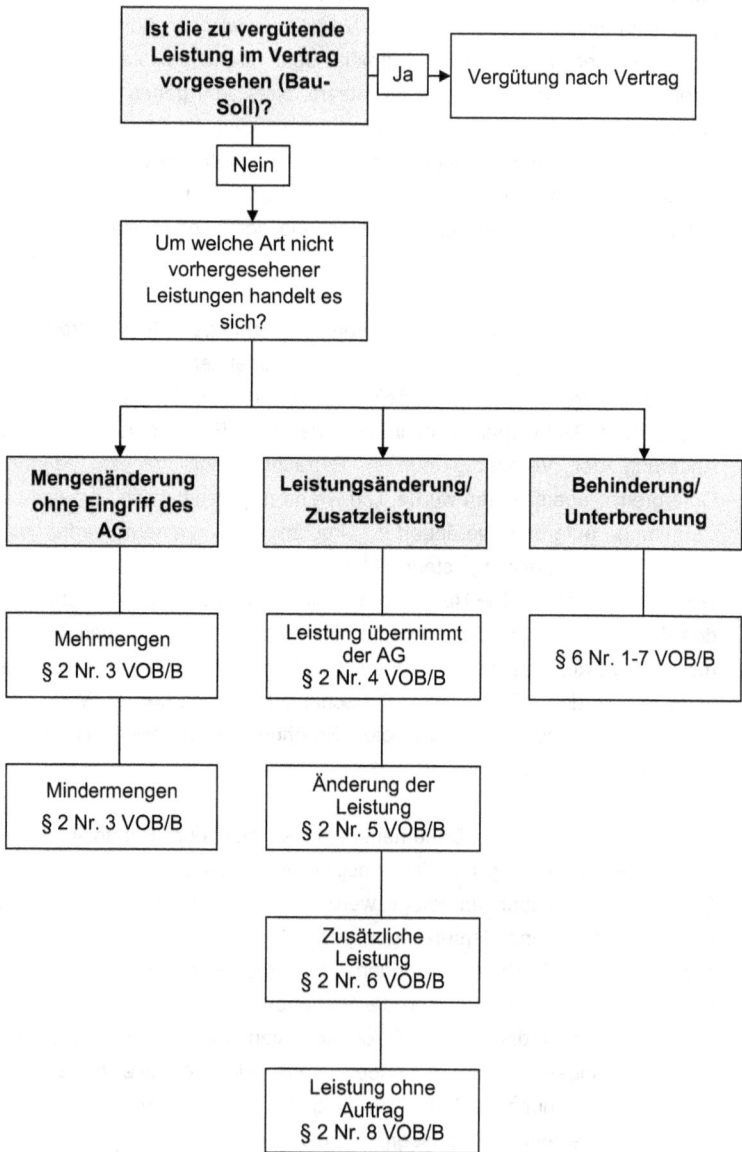

<u>Abbildung 2</u>: Vergütung vertraglich nicht vorhergesehener Leistungen nach VOB/B

2.1 Mengenänderungen nach § 2 Nr. 3 VOB/B

---

§ 2 Nr. 3 VOB/B (Auszug aus der VOB 2002)

(1) Weicht die ausgeführte Menge der unter einem Einheitspreis erfassten Leistung oder Teilleistung um nicht mehr als 10 v.H. von dem im Vertrag vorgesehenen Umfang ab, so gilt der vertragliche Einheitspreis.

(2) Für die über 10 v.H. hinausgehende Überschreitung des Mengenansatzes ist auf Verlangen ein neuer Preis unter Berücksichtigung der Mehr- oder Minderkosten zu vereinbaren.

(3) Bei einer über 10 v.H. hinausgehenden Unterschreitung des Mengenansatzes ist auf Verlangen der Einheitspreis für die tatsächlich ausgeführte Menge der Leistung oder Teilleistung zu erhöhen, soweit der Auftragnehmer nicht durch Erhöhung der Mengen bei anderen Ordnungszahlen (Positionen) oder in anderer Weise einen Ausgleich erhält. Die Erhöhung des Einheitspreises soll im Wesentlichen dem Mehrbetrag entsprechen, der sich durch Verteilung der Baustelleneinrichtungs- und Baustellengemeinkosten und der Allgemeinen Geschäftskosten auf die verringerte Menge ergibt. Die Umsatzsteuer wird entsprechend dem neuen Preis vergütet.

(4) Sind von der unter einem Einheitspreis erfassten Leistung oder Teilleistung andere Leistungen abhängig, für die eine Pauschalsumme vereinbart ist, so kann mit der Änderung des Einheitspreises auch eine angemessene Änderung der Pauschalsumme gefordert werden.

---

a) Grundsätzliches zum § 2 Nr. 3 VOB/B

Es gibt kaum Bauvorhaben, bei denen sich keine Mengenänderungen ergeben. Die Vergütung für Mehr- und Mindermengen nach den Regelungen des § 2 Nr. 3 VOB/B ist nur relevant für Aufträge, deren Leistung nach der tatsächlich erbrachten Menge abgerechnet wird. Die Menge wird, multipliziert mit dem Einheitspreis, vergütet. Die Regelung des § 2 Nr. 3 VOB/B gilt demnach nur für Einheitspreisverträge. Sie gibt den Vertragspartnern die Möglichkeit, den Einheitspreis zu ändern.

Voraussetzung für die Änderung des ursprünglich vereinbarten Einheitspreises ist eine Mengenänderung um mehr als 10 % bei unverändertem Leistungsziel. Die Leistungsmenge ist beim Einheitspreisvertrag variabel. Man geht davon aus, dass die Vordersätze beim Aufstellen eines Leistungsverzeichnisses nur überschlägig ermittelt werden. Ergeben sich beim Einheitspreisvertrag Mengenänderungen, so kann der § 2 Nr. 3 VOB/B angewendet.

Bei den Pauschalverträgen ist der § 2 Nr. 3 VOB/B nicht anwendbar. Er gilt nur für „automatische" Mengenänderungen ohne Anordnung des Auftraggebers. D.h. der § 2 Nr. 3 VOB/B darf nur angewendet werden, wenn sich die Mengen ohne Änderung der Leistung ändern, beispielsweise durch ungenaue Mengenermittlung bei der Ausschreibung. Die Leistungsbeschreibung darf sich nicht ändern. Jede Abweichung der tatsächlichen Leistung von der vertraglichen Leistung in inhaltlicher Weise schließt die Anwendung des § 2 Nr. 3 VOB/B aus. Die Änderung des Leistungsinhaltes stellt eine Anordnung des Auftraggebers dar. Die Vergütungsänderung wird in diesem Fall durch die §§ 2 Nr. 5 oder Nr. 6 VOB/B geregelt.

Ebenfalls nicht dem Regelungsbereich vom § 2 Nr. 3 zugeordnet sind die Fälle, in denen sich Mengenänderungen durch den gesamten Wegfall von Positionen ergeben. Ebenso keinen Anspruch auf eine Änderung der Vergütung hat der AN, wenn er eigenmächtig die vom AG in Auftrag gegebene Leistung ändert.[26]

Die Regelungen des § 2 Nr. 3 VOB/B beruhen auf der Kenntnis, dass die Kalkulation des AN von einem bestimmten, durch das Leistungsverzeichnis umrissenen Rahmen des Leistungsumfangs bei den einzelnen Positionen ausgeht. Dabei wird davon ausgegangen, dass die Kosten der Baustelleneinrichtung und die Baustellengemeinkosten sowie die allgemeinen Geschäftskosten auf die einzelnen Positionen umverteilt werden und so in den Einheitspreis einfließen. Deshalb liegt es auf der Hand, dass bei größeren Mengenänderungen die Kalkulation sowie die Umlegung der vorgenannten Kostenelemente auf die Einheitspreise nicht mehr stimmen kann. Bei spürbar größeren Mengen als in den Vordersätzen vorgesehen, würde der Auftragnehmer häufig unangemessen besser gestellt, während er bei erheblich kleineren Mengen Nachteile hinnehmen müsste.

Treten nach Vertragsabschluss Lohn- und Materialpreiserhöhungen auf, kann der AN diese bei der Berechnung eines neuen Preises berücksichtigen.

---

[26] § 2 Nr. 8 VOB/B

Handelt es sich tatsächlich um einen Fall des § 2 Nr. 3 VOB/B, muss der AN den Anspruch auf Änderung der Vergütung nicht vor Beginn der Arbeiten ankündigen. Im Zweifelsfall und bei Unklarheit sollte man in jedem Fall den sicheren Weg gehen und einen Anspruch auf veränderte Vergütung stets vor Beginn der Arbeiten anzeigen.

In der Praxis spielt der § 2 Nr. 3 VOB/B eine eher untergeordnete Rolle. Im alltäglichen Baugeschehen wird meistens auf die Anpassung des Einheitspreises nach § 2 Nr. 3 verzichtet, da sich bei vielen Bauleistungen im „Gesamten" gesehen die Mengenänderungen annähernd ausgleichen.

Die nachfolgenden Abbildungen 3 und 4 geben eine gute Übersicht darüber, welche möglichen Ursachen Mengenmehrungen bzw. Mengenminderungen haben können.

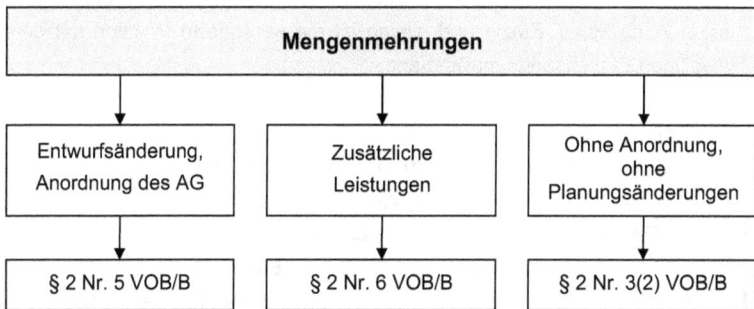

Mengenmehrungen		
Entwurfsänderung, Anordnung des AG	Zusätzliche Leistungen	Ohne Anordnung, ohne Planungsänderungen
§ 2 Nr. 5 VOB/B	§ 2 Nr. 6 VOB/B	§ 2 Nr. 3(2) VOB/B

Abbildung 3: Mögliche Ursachen für Mengenmehrungen

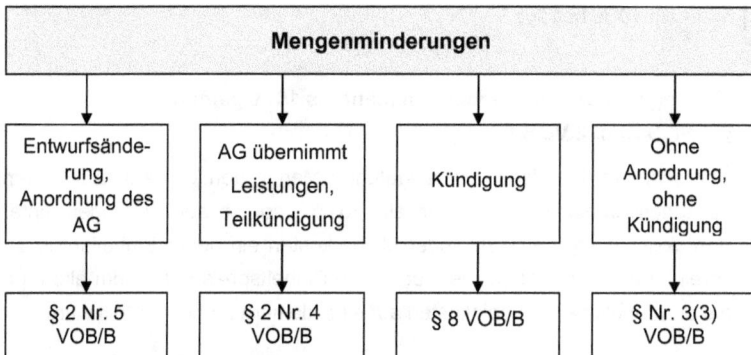

Mengenminderungen			
Entwurfsände-rung, Anordnung des AG	AG übernimmt Leistungen, Teilkündigung	Kündigung	Ohne Anordnung, ohne Kündigung
§ 2 Nr. 5 VOB/B	§ 2 Nr. 4 VOB/B	§ 8 VOB/B	§ Nr. 3(3) VOB/B

Abbildung 4: Mögliche Ursachen für Mengenminderung

b) Mengenänderungen bis zu 10 % gemäß § 2 Nr. 3 Abs. 1 VOB/B

Bei Mengenänderungen bis zu 10 % ändert sich der vereinbarte Einheitspreis nicht. Ändern sich bei der Ausführung der Leistung die vereinbarten Mengen also um maximal +/- 10 %, bleibt der Einheitspreis unverändert, obwohl sich die Einzelkosten der Teilleistung und die Gesamtkostenumlagen verändern. Man spricht hierbei in der Bauwirtschaft von einem tolerierbaren Vertragsrisiko. Erst bei höheren Abweichungen kann auf Verlangen ein neuer Einheitspreis vereinbart werden.

Die Mengenänderungen von bis zu 10 % werden natürlich trotzdem vergütet. Maßgebend für die Abrechnung sind die tatsächlich verbrauchten Mengen. Hieraus entsteht ein Toleranzrahmen von 90 – 110 % der vertraglich vorausgesetzten Mengenvordersätze, für den sich der vertraglich vereinbarte Einheitspreis nicht ändert. Der jeweilige Positionsgesamtpreis oder der Gesamtpreis des Bauvorhabens spielen dabei keine Rolle. Einzig und alleine ist die veränderte Position mit dem jeweiligen Einheitspreis maßgebend.

Beispielfall 1:
Statt der ausgeschriebenen 1000 m³ Beton ergibt sich durch das genaue Aufmaß eine tatsächliche Menge von 1090 m³ Beton für die unveränderte Decke. Der vertragliche Einheitspreis beträgt 100 €/m³. Bei der Abrechnung werden die 1090 m³ multipliziert mit dem Einheitspreis von 100 €/m³ vergütet. Somit ergibt sich ein Abrechnungsbetrag für die Position von 109.000 €.
Der Einheitspreis bleibt unverändert, da die Mengenabweichung nicht mehr als 10 % beträgt.

c) Mengenüberschreitungen um mehr als 10 % gemäß § 2 Nr. 3 Abs. 2 VOB/B

Überschreitet die tatsächlich ausgeführte Menge den Vordersatz aus dem Leistungsverzeichnis um mehr als 10 %, so ist auf Verlangen unter Berücksichtigung der Mehr- oder Minderkosten ein neuer Einheitspreis zu vereinbaren. In der Regel liegt der neue Einheitspreis unter dem alten, da die ursprünglichen Gemeinkosten auf eine kleinere Menge verteilt wurden.

In der Praxis ist häufig festzustellen, dass es keine Regel dahin gehend gibt, dass erhebliche Mengenüberschreitungen eher zu niedrigeren

Einheitspreisen führen.[27] Gerade bei Tiefbauleistungen führen erhebliche Mehrmassen i.d.R. zu höheren Einheitspreisen.

Die Änderung der Vergütung kann von beiden Vertragspartnern verlangt werden. Jedoch ist dies nur bis zur Anerkennung der Schlussrechnung möglich, da der Auftraggeber damit den Umfang seiner Zahlungsverpflichtung abschließend festlegt.

Bei einer Mengenmehrung über 10 % sind die tatsächlichen Mengen einer Leistungsposition zu zwei unterschiedlichen Preisen abzurechnen. Die ursprüngliche Menge der Position zuzüglich 10%, also 110 % der Gesamtmengen, werden mit dem vereinbarten Einheitspreis abgerechnet. Die über die 110 % hinausgehenden Mengen werden mit dem neu zu vereinbarenden Preis abgerechnet. Es muss sich aber um bloße Mehr- oder Mindermengen nach Maß, Gewicht oder Stückzahl in den dazugehörigen Vordersätzen handeln. Ansonsten ist der § 2 Nr. 3 VOB/B nicht maßgebend.

Beispielfall 2:
Bei der Ausschreibung zu den Mauerarbeiten sind im Leistungsverzeichnis 200 m³ Mauerwerk mit einem Einheitspreis von 245 €/m³ vorgesehen. Nach dem genauen Aufmaß stellt sich heraus, dass, bei unveränderter Leistung, 300 m³ Mauerwerk verbraucht werden. Auf Verlangen des AG wird ein neuer Einheitspreis von 230 €/m³ vereinbart. Die Leistung wird nun wie folgt abgerechnet:
1. 220 m³ (also 110% der Gesamtmenge) werden mit dem vertraglichen Einheitspreis von 245 €/m³ abgerechnet.
2. Die restlichen 80 m³ (Anteil über 110 % der Gesamtenge) werden mit dem neu vereinbarten Einheitspreis von 230 €/m³ abgerechnet.
3. Beide Summen addiert ergeben den Abrechnungsgesamtpreis der Position.

Auch bei extrem hohen Mengenüberschreitungen von z.B. 200 % findet der § 2 Nr. 3 Abs. 2 VOB/B seine Anwendung. Ein Berufen auf den Wegfall der Geschäftsgrundlage ist nicht zulässig.[28]

---

[27] BGH, BauR 1993, 723, 725
[28] BGH, SFH Z 2.311 Bl. 31

Die Kalkulationsansätze der ursprünglichen Einheitspreise sind auch bei der Ermittlung der neuen Einheitspreise anzuwenden. Dies geschieht unabhängig davon, ob sich der AN verkalkuliert hat. D.h. sollte der AN den ursprünglichen Einheitspreis mit Verlust kalkuliert haben, setzt sich der Verlust auch bei der Bildung des neuen Einheitspreises fort. Somit gilt, dass die Kostenstruktur des Vertragspreises auf die Mehrmengen durchschlägt und damit der Grundsatz: „Guter Preis bleibt guter Preis – schlechter Preis bleibt schlechter Preis." Dieser Grundsatz ist besonders wichtig. Bei einer Missachtung dieser Grundregel entsteht ansonsten die Gefahr, dass bewusst ein Preis manipuliert wird, um einen Auftrag zu erhalten und um anschließend bei den Vergütungsänderungen einen besseren Preis zu erlangen. Nur in Ausnahmefällen darf der AN die Kalkulationsgrundlagen verändern.

Die Kalkulationsansätze muss der AN bei Verlangen eines neuen Preises offen legen. Für die Ermittlung des neuen Einheitspreises sind vorkalkulatorisch die Mehr- oder Minderkosten zu erfassen, also so, als wären zur Zeit der Angebotsabgabe die erhöhten Mengen bekannt gewesen.

Eine Bauzeitverlängerung und die damit verbundenen höheren Gemeinkosten stellen keine zwangsläufige Folge von Mengenmehrungen nach § 2 Nr. 3 VOB/B dar. Dies bedeutet, dass der § 2 Nr. 3 nicht bei einer Verschiebung der Bauzeit als Anspruchsgrundlage dienen kann. Im Falle einer Bauzeitverlängerung muss der AN einen Nachtrag auf der Grundlage des § 2 Nr. 5 VOB/B stellen.

Wird eine Mehrmenge durch den AG angeordnet, kommt grundsätzlich als Anspruchsgrundlage für eine Mehrvergütung nur der § 2 Nr. 6 VOB/B bzw. in Ausnahmefällen der § 2 Nr. 5 VOB/B in Betracht. Der § 2 Nr. 3 scheidet als Anspruchsgrundlage aus, da eine Mehrmenge auf Grund einer Anordnung entstanden ist.

Dem neuen Einheitspreis wird grundsätzlich eine Vereinbarung der Vertragspartner vorausgesetzt. Einigen sich die Vertragspartner nicht auf einen neuen Preis, kann die Festsetzung des neuen Einheitspreises durch einen Dritten erfolgen.

d) Mengenunterschreitungen um mehr als 10 % gemäß § 2 Nr. 3 Abs. 3 VOB/B

Wird der ursprüngliche Mengenansatz um mehr als 10 % unterschritten, regelt dies der § 2 Nr. 3 Abs. 3 VOB/B. Erbringt der AN also weniger als 90 % der vertraglich vereinbarten Vordersätze, führt dies stets zu einer Erhöhung des Einheitspreises. In diesem Fall wird, anders als bei den Mehrmengen, ein neuer Preis für die gesamte Position (Mengen < 90%) vereinbart. Bei Mengen von 90 – 100 % gilt weiterhin der alte Einheitspreis. D.h. bei der Abrechnung von beispielsweise 92 % der vertraglichen Vordersätze ändert sich der Einheitspreis nicht. Verringert sich jedoch der vertragliche Mengenansatz auf beispielsweise 87 %, kann auf Verlangen der Einheitspreis für die gesamte Position geändert werden.

Beide Vertragspartner können die Änderung des vertraglichen Einheitspreises verlangen. Das Verlangen ist spätestens mit der Stellung der Schlussrechnung anzukündigen. Die Erhöhung des Einheitspreises soll im Wesentlichen den Mehrkosten entsprechen, die sich durch die Verteilung der Baustelleneinrichtungs- und Baustellengemeinkosten sowie der allgemeinen Geschäftskosten auf die geringeren Mengen ergibt. Als Bezugsgröße zur Berechnung des neuen Einheitspreises kann nur der alte Einheitspreis angenommen werden.[29]

Beispielfall 3:

Anstatt der 100 m³ Erdaushub aus den vertraglichen Vordersätzen werden nun nur 80 m³ ausgeschachtet. Die Leistung ist unverändert geblieben, es haben sich lediglich die Mengen geändert. Die anderen Positionen im Leistungsverzeichnis sind ebenfalls unverändert geblieben.

Es ist auf Verlangen eines Vertragspartners der Einheitspreis für die tatsächlich ausgeführte Menge zu erhöhen. Die Abrechnung erfolgt dann mit den tatsächlich ausgeführten 80 m³ Erdaushub multipliziert mit dem neuen Einheitspreis.

Die Regelung des § 2 Nr. 3 Abs. 3 gilt nur, wenn der Auftragnehmer nicht durch Erhöhung der Mengen bei anderen Positionen oder in anderer Weise einen Ausgleich erhält.[30] Das kann dadurch geschehen, dass die Vergütung im Bereich anderer Ordnungszahlen bzw. Positionen erhöht wird. Dafür kommen aber nur solche Mengen in Betracht, die über 110 %

---

[29] BGH BauR 1987, 217
[30] § 2 Nr. 3 Abs. 3 Satz 1 VOB/B

des vereinbarten Mengenansatzes liegen und für die nicht schon ein neuer Einheitspreis gemäß Nr. 3 Abs. 2 vereinbart wurde.[31] Außerdem bleiben für einen solchen Ausgleich auch Positionen außer Betracht, bei denen die tatsächlich ausgeführten Mengen im Toleranzrahmen von 90 – 110 % der Vordersätze liegen.

Der Ausgleich kann auch ohne Erhöhung der Einheitspreise zustande kommen, etwa dadurch, dass der Auftraggeber im Rahmen desselben Vertrages zusätzliche Leistungen nach § 2 Nr. 6 VOB/B in Auftrag gibt. Erteilt der AG dem AN einen neuen, nicht im Zusammenhang mit dem alten Vertrag stehenden Auftrag, kann ein Ausgleich bedingt durch den neuen Auftrag nicht vorgenommen werden. Der Kostenausgleich ist nur vorzunehmen, wenn einer der Vertragspartner es verlangt.

Auch bei der Mengenminderung gilt die Grundregel des § 2 Nr. 3, dass die Unterschreitung der Massen nicht durch das Eingreifen des Auftraggebers im Wege von einseitigen Änderungen der bisher vereinbarten inhaltlichen Leistung erfolgen darf. Nur wenn sich ohne eine Einwirkung des AG eine Verringerung der Mengen ergibt, kommt der § 2 Nr. 3 Abs. 3 zur Anwendung.

Ordnet der Auftraggeber hingegen eine Mengenminderung an, fällt dies nicht unter § 2 Nr. 3 VOB/B. Die Mengenunterschreitungen werden in diesem Fall als freie Teilkündigung angesehen. Dieser Sachverhalt wird dann nach § 8 VOB/B behandelt. Dabei erhält der AN die volle Vergütung abzüglich der ersparten Kosten.

Die Umsatzsteuer muss dem neuen Preis entsprechend vergütet werden, da diese zu den preisbestimmenden Faktoren eines Baupreises gehört. Eine Erhöhung der Umsatzsteuer im Laufe der Baumaßnahme führt dazu, dass der neue Mehrwertsteuersatz bei der Abrechnung des vereinbarten Baupreises berücksichtigt wird.

---

[31] BGH BauR 1987, 217

e) Fast vollständige Mengenunterschreitung oder Wegfall ganzer Positionen

Grundsätzlich hat der Auftragnehmer keinen primären Anspruch auf die Ausführung der ausgeschriebenen Leistungsmengen. Verringern sich die ausgeschriebenen Mengen bei der Ausführung einer Position ohne Eingriff des AG auf ein geringes Maß, beispielsweise 5 % der vereinbarten Vordersätze, so ist trotzdem der § 2 Nr. 3 Abs. 3 maßgebend. Dem AN stehen in diesem Fall seine Anteile an den Allgemeinen Geschäftskosten und am kalkulierten Gewinn zu. Grundlage zur Berechnung dieser Kosten ist die ursprünglich vereinbarte Menge.

Bei dem Wegfall ganzer Positionen ist die Regelung in § 2 Nr. 3 Abs. 3 nicht anwendbar. Eine entsprechende Anwendung scheidet aus, weil die Bestimmungen sich auf die Mengenabweichung im Rahmen einer Position beschränken. Das Modell der Einheitspreiserhöhung ist nur sinnvoll, wenn auch bei einer Position noch Restmengen übrig bleiben. Hier ist entsprechend nach den Gründen des Fortfalls zu unterscheiden. Beruht der Fortfall darauf, dass der AG die Leistung selbst übernimmt, regelt dies der § 2 Nr. 4 VOB/B. Liegt der Grund darin, dass der AG auf die betreffenden Teilleistungen verzichtet, so ist dies als eine Teilkündigung im Sinne des § 8 VOB/B anzusehen. Dieser sieht vor, dass der AN die Vergütung bezahlt bekommt, abzüglich der ersparten Kosten. Das bedeutet, dass die direkten Kosten entfallen, jedoch die Anteile aus den allgemeinen Geschäftskosten sowie des Gewinns voll vergütet werden. Basis der Vergütungsberechnung sind auch hier die ausgeschriebenen Mengen.

f) Einheitspreispositionen bei gemischten Verträgen gemäß § 2 Nr. 3 Abs. 4 VOB/B

Es gibt Bauverträge, in denen bestimmte Leistungen mit Hilfe von Einheitspreisen abgerechnet werden, aber auch andere Leistungen pauschal vergütet werden. Ändern sich nun Mengenansätze in den Einheitspreispositionen, kann dies mittelbare Auswirkungen auf den pauschalierten Preis haben. Dies ist insbesondere dann der Fall, wenn z.B. das Einrichten der Baustelle oder die Vorhaltung der Baustelleneinrichtung pauschal vergütet werden, die restliche Leistung jedoch nach tatsächlichen Mengen und Einheitspreisen abgerechnet wird.

Wo immer eine Rückwirkung aus der Veränderung einer Einheitspreisposition festzustellen ist, kann gemäß § 2 Nr. 3 Abs. 4 eine Anpassung des Pauschalpreises aufgrund der veränderten Umstände verlangt werden. Eine solche Änderung des Pauschalpreises erfolgt nur bei einer Mengenänderung einer Einheitspreisposition gemäß des § 2 Nr. 3 Abs. 2 oder 3, also bei einer Abweichung von mehr als 10 %. Eine Erheblichkeitsgrenze, wie es der § 2 Nr. 7 VOB/B vorsieht, ist hier nicht Voraussetzung. Die Änderung der Pauschalpreisposition ist nur erforderlich, wenn dies von einem Vertragspartner ausdrücklich verlangt wird.

g) Korrektur des vereinbarten Einheitspreises aufgrund fehlerhafter Preisermittlungsgrundlagen

Der vereinbarte und zum Vertragsinhalt gewordene Einheitspreis darf grundsätzlich nicht verändert werden. Nur unter der Voraussetzung einer Mengenänderung kann eine Veränderung des Einheitspreises möglich werden. Diese Vergütungsänderungen werden dann durch den § 2 Nr. 3 VOB/B geregelt.

Darüber hinaus ist in Ausnahmefällen auch eine Anpassung des vertraglichen Einheitspreises ohne eine Mengenänderung denkbar. In der Literatur werden drei Fälle diskutiert, bei denen der AN nach den Grundsätzen von Treu und Glauben[32] eine Korrektur des fehlerhaft ermittelten ursprünglichen Einheitspreises vornehmen darf. Dies ist in Einzelfällen denkbar:

> ➢ Wenn der AN seine bisherige Preisberechnung wegen Irrtums[33] anfechten kann (Kalkulationsirrtum) und ein Festhalten an der ursprünglichen Preisermittlungsgrundlage gegen den Grundsatz von Treu und Glauben verstößt. Die Abweichung muss allerdings auf Grund eines dem AN nicht zurechenbaren Irrtums beruhen. Es muss ein Verschulden bei Vertragsabschluss des AG vorliegen.[34]

> ➢ Wenn eine Massenänderung auf ein vorwerfbares Unterlassen des AG oder seines Erfüllungsgehilfen zurückzuführen ist, kann der AN

---

[32] § 242 BGB
[33] § 119 BGB
[34] culpa in contrahendo (c.i.c.) § 311 BGB bzw. positive Vertragsverletzung (pVV) § 241 Abs. 2 BGB

den vertraglichen Einheitspreis ändern. Dies könnte beispielsweise der Fall sein, wenn eine unvollständige und nicht sorgfältig erstellte Planung Ursache für den falsch ermittelten Einheitspreis war.

➢ Wenn sich die Ausführung der geschuldeten Leistung aufgrund einer Mehrmenge in eine Zeit verschiebt, in der erhebliche und in keiner Weise vorhersehbare Preissteigerungen auftreten, ist an eine Erhöhung des vertraglichen Einheitspreises zu denken. Voraussetzung ist, dass die vorgenannten Preissteigerungen bei der Ausführung nach den ursprünglich angenommenen Vordersätzen keine Bedeutung erlangt hätten.

Bei den vorangegangenen Fällen handelt es sich um Preisanpassungsmöglichkeiten der vertraglich vereinbarten Einheitspreise, ohne dass eine Mengenänderung in den vertraglich vereinbarten Vordersätzen entstanden ist.

Will sich der AN auf einen der vorgenannten Fälle berufen, hat er grundsätzlich die Darlegungs- und Beweislast.

In der alltäglichen Baupraxis kommen Preisänderungen aufgrund des Berufens auf den Grundsatz von Treu und Glauben (§ 242 BGB) sehr selten vor, da der Nachweis auf einen derartigen Vergütungs- änderungsanspruch sehr schwierig ist.

h) Beweislast und Dokumentation

Wie schon in den Punkten zuvor erwähnt, kann nach § 2 Nr. 3 VOB/B ein neuer Einheitspreis verlangt werden. Verlangt der AN also einen neuen Preis, muss er die Mehr- bzw. Mindermengen und die daraus resultierende Kostenunterdeckung beweisen. Der Nachweis der Mengen wird über einen Soll-Ist-Vergleich geführt. Hierzu dient das Aufmassprotokoll. Gemäß § 14 VOB/B hat der AN die ausgeführte Leistung immer prüfbar abzurechnen.

Die Kostenunterdeckung muss durch die Vorlage der Angebotskalkulation ersichtlich werden, wobei die Vorlage der genauen Kalkulation für eine vollständige Darlegung unverzichtbar ist. Eine sorgfältige Dokumentation ist immer erforderlich, da Darlegungsmängel stets zu Lasten des Beweispflichtigen gehen.

In den Fällen von angeordneten Mengenüberschreitungen bzw. Mengenunterschreitungen ist die Anordnung des AG zu dokumentieren. Der AN muss nachweisen, dass sich die Mengenabweichung aufgrund einer Anordnung des AG bzw. eines Erfüllungsgehilfen des AG ergeben hat.

i) Bauvertragsklauseln

Es besteht die Möglichkeit, eine Vertragsklausel zu vereinbaren, die eine Änderung des Einheitspreises bei Massenänderungen ausschließt.[35] Im Einzelfall kann dies jedoch gegen die Grundsätze von Treu und Glauben[36] sowie gegen die guten Sitten[37] verstoßen und deswegen unwirksam sein. Ferner führt die Vereinbarung einer solchen Klausel, wie sie häufig in den besonderen Vertragsbedingungen getroffen wird, dazu, dass die VOB/B nicht mehr als Ganzes vereinbart ist.

Beispielfall 4:

In den Vertragsbedingungen zu einem Bauvertrag steht folgende Klausel:
„Die für die Bedarfsposition vereinbarten Preise gelten auch bei einer Über- bzw. Unterschreitung des Mengenansatzes bis zu 100 %.“
Diese Klausel ist unwirksam, weil Bedarfspositionen von Haus aus mit einem hohen Kalkulationsrisiko für den AN belastet sind. Dieses Risiko wird durch die genannte Klausel unangemessen erhöht.[38]

Ist die VOB/B nicht mehr als „Ganzes" vereinbart, unterliegen alle begünstigenden Bestimmungen der VOB/B einer isolierten Inhaltskontrolle durch die §§ 305 ff BGB[39]. Aus diesen Gründen sind Vereinbarungen, die in den Kern der VOB/B eingreifen, stets mit Vorsicht zu betrachten und genau zu prüfen.

---

[35] BGH BB 1993, 1907
[36] § 242 BGB
[37] § 138 BGB
[38] BHG, BauR 1991, 210
[39] ehemals AGB - Gesetz

2.2 Übernahme von Leistungen durch den AG nach § 2 Nr. 4 VOB/B

---

§ 2 Nr. 4 VOB/B (Auszug aus der VOB 2002)

Werden im Vertrag ausbedungene Leistungen des Auftragnehmers vom Auftraggeber selbst übernommen (z.b. Lieferung von Bau-, Bauhilfs- und Betriebsstoffen), so gilt, wenn nichts anderes vereinbart wird, § 8 Nr. 1 Abs. 2 entsprechend.

---

a) Erläuterungen zum § 2 Nr. 4 VOB/B

Wenn im Vertrag vorgesehene Leistungen des Auftragnehmers vom Auftraggeber übernommen werden, gilt entsprechend der § 2 Nr. 4 VOB/B. Dieser Sachverhalt stellt sich rechtlich als Teilkündigung dar. Dies betrifft häufig die Lieferung von Bau-, Bauhilfs- und Betriebsstoffen. Der § 2 Nr. 4 verweist auf den § 8 Nr. 1 Abs. 2 VOB/B.[40]

Die Bestimmung des § 2 Nr. 4 ist eine weitere Schutzbestimmung, die dem AN den vertraglich festgelegten Vergütungsanspruch zusichert, soweit dies zu vertreten ist. Diese Vereinbarung hat nur Gültigkeit, wenn keine anders lautende Vereinbarung individuell vertraglich festgelegt worden ist.

Der AG hat immer das Recht, gemäß § 8 Nr. 1 Abs. 1 VOB/B nach Abschluss des Vertrages diesen ganz oder teilweise zu kündigen. Er braucht für die Kündigung keinen besonderen Anlass oder Grund zu nennen. Mit einer Kündigung wird der Vertrag für die Zukunft aufgehoben. Es entstehen aus dem gekündigten Vertragsteil keine Rechte und Pflichten mehr. Die bisher erfüllte Leistung muss fertig abgewickelt werden und der AN hat einen Anspruch auf Zahlung der gesamten ursprünglich vereinbarten Vergütung abzüglich der ersparten Kosten. Die Bezahlung der gesamten Vergütung ist der Ausgleich für den AN, dass der AG ohne Grund den Auftrag kündigen darf. Ferner kann der AG Leistungen aus dem vereinbarten Leistungsinhalt herausnehmen oder die Leistung selbst übernehmen. Dies entspricht dann einer Teilkündigung des Vertrages. Voraussetzung ist, dass die Leistung ursprünglich zur vertraglichen Verpflichtung des AN gehört hat.

---

[40] siehe auch § 649 Satz 1 BGB

Die Möglichkeit der Kündigung auf der Grundlage des § 2 Nr. 4 VOB/B besteht bei Teilleistungen oder Teilen von Leistungen, etwa auch für bestimmte Einzelleistungen aus Positionen, bei denen eine Teilkündigung als statthaft angesehen werden kann. Es muss sich um Leistungen handeln, die in sich abgeschlossen sind. Ebenfalls muss die Vergütung für diese Leistung für sich berechenbar sein.

Beispielfall 5:
Der Auftraggeber liefert, anders als vertraglich vereinbart, die Fliesen für sein Bad selbst. Er übernimmt somit die Materiallieferung der Fliesen, die eigentlich im Auftrag des AN enthalten war.

Die Lieferung der Fliesen war ursprünglich im Auftrag des AN enthalten. Da der AG die Fliesen nun selbst zur Verfügung stellt, entsteht ein Fall von § 2 Nr. 4 VOB/B, da der ausscheidende Anteil der Vergütung klar festgestellt werden kann.

Lassen sich Leistungselemente nicht trennen, fallen sie nicht unter die Regelung des § 2 Nr. 4. Dies gilt für Einzelbestandteile im Rahmen der Bauherstellung, wie z.B. den Zement im Mörtel. Grundsätzlich gilt:

> Eine Teilkündigung scheidet aus, wenn der Aufwand der Teilleistung rechnerisch nicht eindeutig ermittelt werden kann. Der AG muss dann die vereinbarte bzw. angemessene Vergütung voll entrichten.

Wichtig ist ebenfalls, dass der AG die Übernahme der Leistung in Art und Umfang eindeutig und vor allem inhaltlich zweifelsfrei erklärt. Das muss selbstverständlich vor Ausführung der Leistung erfolgen. Die Erklärung der Übernahme von Leistungen bedarf rechtlich nicht der Schriftform. Es ist jedoch ratsam dies zu tun.

Der AG hat dafür zu sorgen, dass die übernommene Leistung ordnungsgemäß und vor allem pünktlich ausgeführt wird. Er muss gewährleisten, dass der AN den ihm verbliebenen Leistungsteil ordnungsgemäß und im Zeitplan ausführen kann. Bei Verletzung dieser Pflichten kann der AN Schadensersatz verlangen[41] oder den Restvertrag nach den Bestimmungen des § 9 Nr. 1 VOB/B kündigen.

---

[41] § 6 Nr. 6 VOB/B

b) Voraussetzungen für die Anwendung

Wenn der Auftraggeber Leistungen selbst übernimmt, muss er diese in eigener Regie übernehmen. Die Herstellung der übernommenen Leistung sollte im Betrieb des AG oder zumindest in seinem Bereich erfolgen. Es ist erforderlich, dass der AG die Arbeiten ohne Eingehung eines bauvertraglichen Verhältnisses mit einem Dritten ausführt. Vergibt der AG die Teilleistung an einen anderen Unternehmer, ist der § 2 Nr. 4 VOB/B nicht anwendbar.

Ist dies der Fall, wäre eine unmittelbare Teilkündigung die Folge, welche durch den § 8 VOB/B geregelt wird. Auf den ersten Blick sind hier keine Unterschiede zu erkennen, da sich auch die verbleibende Vergütung für den AN fast identisch berechnet. Entscheidend ist hierbei aber, dass der AG im Fall der Weitervergabe des Auftrages an einen anderen Unternehmer den Vertrag (teil)kündigen muss. Der § 8 Nr. 5 VOB/B setzt dafür eine Schriftform voraus. Wahrt der AG diese Schriftformerfordernis nicht, kann der AN Schadensersatzansprüche gegen den AG geltend machen.

Es gibt Ausnahmetatbestände, in denen dem AG die Eingehung eines vertraglichen Verhältnisses zur Erfüllung von selbst übernommenen Teilleistungen gestattet ist. Das ist z.B. der Fall, wenn ein AG Baustoffe beschafft, die der AG durch Eingehung eines vertraglichen Verhältnisses bei einem Dritten bestellt. Dies betrifft aber nur solche Baustoffe, die der AN auch zu beschaffen hätte.

c) Vergütungsanspruch des Auftragnehmers

Ist eine Teilkündigung durch den AG erfolgt, behält der AN grundsätzlich den Anspruch auf die Zahlung der vereinbarten Vergütung. Der AN muss von der vereinbarten Vergütung das zum Abzug bringen, was er durch den Wegfall der Leistung an Kosten gespart hat oder durch andere Verwendung seiner Arbeitskräfte oder seines Betriebes erwirbt. Auch muss er sich das anrechnen lassen, was er zu erwerben böswillig unterlässt.[42]

Am einfachsten ist die Berechnung der Vergütung, wenn eine Leistung als Pauschalpreis abgerechnet wird und vollständig entfällt. Der Pauschalpreis

---

[42] OLG Düsseldorf, BauR 1995, 712

ist dann einfach einzusetzen. Beim Einheitspreis ist von dem Angebotsgesamtpreis der Position auszugehen. Dieser Positionspreis wäre dann der vertragliche Vordersatz multipliziert mit dem Einheitspreis. Beim Stundenlohnvertrag ist ein angemessener Aufwand zu berücksichtigen. Dieser muss dann nach den Grundsätzen des § 15 VOB/B abgerechnet werden. Beim Selbstkostenerstattungsvertrag ist der jeweils angemessene Aufwand zu berücksichtigen.

Die nach den zuvor erläuterten Grundsätzen ermittelte Vergütung für die entfallene Leistung erhält der AN vollständig ausgezahlt. Er muss nur das zum Abzug bringen, was er an Kosten eingespart hat.

d) Bauvertragsklauseln

Es besteht die Möglichkeit, für die durch die Teilkündigung entzogenen Leistungsteile individuelle vertragliche oder anderweitige Absprachen zu treffen. Es könnte beispielsweise vereinbart werden, dass der AG befugt ist, an einer Stelle Leistungen zu streichen, dafür aber an anderer Stelle zusätzliche Leistungen neu in Auftrag gibt, um so einen Ausgleich herbeizuführen. In diesem Fall kommt der § 2 Nr. 4 VOB/B nicht in Betracht.

Möglich sind auch Regelungen, die vereinbaren, dass der AN auf einen Vergütungsanspruch bei Wegfall von Leistungen verzichtet. Diese müssen individuell vertraglich vereinbart werden. Dann kommt auch beim Wegfall von Teilen einzelner Positionen eine Vergütungsminderung in Betracht.[43]

Sollte ein Wegfall von Teilen einer Position vertraglich vereinbart werden, so muss der AN auch hinnehmen, dass der volle Vergütungswert für diesen Leistungsteil wegfällt.[44] Das kommt selbstverständlich nur beim wirklichen Wegfall einzelner Leistungsbereiche in Betracht. Bei Mengenänderungen ohne Änderung der Leistung und ohne Eingriff des AG gelten die Regelungen des § 2 Nr. 3 VOB/B.

Auch bei den von der VOB abweichenden Regelungen zum Wegfall von Leistungen gilt, dass ein Eingriff in die VOB durch eine Vertragsklausel immer mit äußerster Vorsicht zu behandeln ist.

---

[43] Vygen, BauR 1979, 375
[44] OLG Düsseldorf, SFH Z 2.310 Bl. 9

e) Gewährleistungsproblematik

Übernimmt der Auftraggeber Leistungen aus dem ursprünglichen Leistungsinhalt des Auftragnehmers, fallen auch die Gewährleistungsansprüche der Teilleistungen für den AN weg. Die Verpflichtungen gehen dann auf den AG über.

Anders gestaltet sich der vorgenannte Sachverhalt, wenn eine Leistung vom AG ausgeführt wird, diese jedoch untrennbar mit der Leistung des AN verbunden ist. Dies ist z.b. dann der Fall, wenn der AG den Zement für die Herstellung des Betons bereitstellt und die Herstellung bzw. der Einbau durch den AN vollzogen wird. Bei diesem Sachverhalt bleibt die Gewährleistungspflicht grundsätzlich beim AN. Er kann sich gegen diese Verpflichtung nur wehren, wenn er seine Bedenken gegen die Art der Ausführung oder die Güte der Baustoffe gegenüber dem AG mitgeteilt hat.[45]

---

[45] § 4 Nr. 3 VOB/B

2.3 Änderung der Leistung nach § 2 Nr. 5 VOB/B

> **§ 2 Nr. 5 VOB/B (Auszug aus der VOB 2002)**
> Werden durch Änderung des Bauentwurfs oder andere Anordnungen des Auftraggebers die Grundlagen des Preises für eine im Vertrag vorgesehene Leistung geändert, so ist ein neuer Preis unter Berücksichtigung der Mehr- oder Minderkosten zu vereinbaren. Die Vereinbarung soll vor der Ausführung getroffen werden.

a) Grundsätzliches zum § 2 Nr. 5 VOB/B

Der § 2 Nr. 5 VOB/B beschäftigt sich mit den Änderungen des Bauentwurfs oder anderen Anordnungen des Auftraggebers, die die Grundlage des Preises für eine im Vertrag vorgesehene Leistung ändert. Die Vereinbarung darüber sollte vor der Ausführung der geänderten Leistung erfolgen.

Die Regelung des § 2 Nr. 5 aus der VOB ist eine Sondervorschrift gegenüber den gesetzlichen Regelungen des Werkvertragsrechts. Der § 2 Nr. 5 bewertet die einseitige nachträgliche Änderung eines Vertrages. Gemäß des § 1 Nr. 3 VOB/B hat der Auftraggeber das Recht, einseitig eine Änderung des Bauentwurfs anzuordnen. Dies bedeutet, dass der AG einseitig die Planung ändern darf und vom AN die Ausführung verlangen kann. Als Ausgleich darf der AN, ebenfalls einseitig, einen neuen Preis für die geänderte Leistung bestimmen.

Änderungen des Bauentwurfs können aus mehreren Gründen entstehen. Sie kommen auf Veranlassung des Auftraggebers im Zuge einer echten Änderung der vereinbarten Leistung selbst oder aus der Art und Weise ihrer Ausführung zustande. Der § 2 Nr. 5 VOB/B betrifft nur solche Preisgrundlagenänderungen, die durch ein dem AG zurechenbares Verhalten herbeigeführt werden.

Der entscheidende Faktor, der den § 2 Nr. 5 nur schwer berechenbar macht, ist, dass auch preisliche Veränderungen in Positionen eintreten können, die nicht verändert werden, bei denen aber die Leistungsänderung ursächlich Einfluss nimmt. Es ist meistens auf den ersten Blick nicht klar zu erkennen, welche Konsequenzen eine geänderte Leistung für die Vergütung mit sich bringt.

Im Laufe einer Baumaßnahme werden oftmals Leistungen nötig, die zwar in der Leistungsbeschreibung nicht explizit aufgeführt sind, welche aber trotzdem ausgeführt werden müssen. Hierbei handelt es sich um so genannte „selbstverständliche Arbeiten", die nach den anerkannten Regeln der Technik zur Ausführung dazu gehören.[46] Das ist besonders häufig bei Pauschalverträgen der Fall, da dort die Leistung oftmals nicht im Detail beschrieben wird. Derartige Leistungen berechtigen die Vertragspartner nicht zur Veränderung der Preise.

Zum Sachverhalt des § 2 Nr. 5 VOB/B siehe auch Abbildung 5 auf Seite 57.

b) Änderung der Leistung

Die vertraglich vorgesehenen Leistungen müssen sich in ihrer Form ändern, so dass die zur Preisberechnung zugrunde gelegten Umstände andere geworden sind. Wie schon erwähnt kann der § 2 Nr. 5 VOB/B nur angewendet werden, wenn sich Preisgrundlagenänderungen ergeben, die durch ein dem Auftraggeber zurechenbares Verhalten herbeigeführt werden. Dies bedeutet, wenn der AG oder ein Erfüllungsgehilfe Anordnungen trifft oder Anordnungen anderer im Mitwirkungsbereich des AG liegen.

Erschwernisse im Bauablauf, die ohne das Einwirken des AG eintreten, sind kein Fall des § 2 Nr. 5 VOB/B. Derartige Erschwernisse liegen im Risikobereich des AN und haben keine Vergütungsänderungen zur Folge.

Eine Änderung der Leistung liegt dann vor, wenn die tatsächliche Leistung nicht mehr der vertraglichen Leistung entspricht. Eine Leistungsänderung muss nicht zwangsläufig vorliegen, wenn der AN eine Differenz zur Angebotskalkulation feststellt. Entscheidend ist, was der AN nach der vorliegenden Leistungsbeschreibung hätte einkalkulieren müssen, nicht was er tatsächlich kalkuliert hat.

Die Umstände eines Anspruchs auf Änderung der Vergütung nach den Regeln des § 2 Nr. 5 VOB/B sind sehr vielschichtig und können sowohl die Art und Weise als auch Art und Umfang der Leistung betreffen. Häufig treten Änderungen in der Qualität der Leistungen auf.

---

[46] Marbach, ZfBR 1989, 2, 5

Beispielfall 6:

Die Fenster in einem Wohnhaus sollen nicht wie ausgeschrieben in Kunststoff ausgeführt werden, sondern in Holz.

Diese Anordnung stellt eine Änderung des Bauentwurfs dar und ist die Grundlage für einen Nachtrag nach § 2 Nr. 5. Die Leistung wird geändert, indem ein Leistungselement (Stoff) verändert wird.

Eine Änderung der Bauumstände kann auch eine Anspruchsgrundlage für einen Nachtrag nach § 2 Nr. 5 sein. Dies ist häufig der Fall, wenn der Bauherr die vertraglich vereinbarte Bauzeit verschiebt. Dies ist, entgegen der häufig zu vernehmenden Meinung, eindeutig ein Fall des § 2 Nr. 5 VOB/B. Im Falle einer Bauzeitverlängerung, die ursächlich durch den AG entstanden ist, kann u.U. noch ein Anspruch auf Schadensersatz nach § 6 VOB/B entstehen.

Beispielfall 7:

Bei einer Straßenbaumaßnahme ändert sich die ursprünglich geplante und vertraglich vereinbarte Verkehrsführung des Baustellenverkehrs. Anstatt mit einer Vollsperrung, wie ursprünglich vereinbart, muss nun die Straßenbaumaßnahme mit einer halbseitigen Sperrung der Straße ausgeführt werden.

Dieser Sachverhalt hat einen Nachtrag nach § 2 Nr. 5 VOB/B zur Folge. Die Änderung der Straßenverkehrsführung betrifft die Bauumstände und kann im Übrigen auch Einfluss auf die Bauzeit haben. Es muss aufgrund der Änderung des Entwurfes mit erheblichen Mehrkosten gerechnet werden.

Grundsätzlich schuldet der AN dem AG den vertraglichen Erfolg. Somit werden die Fälle von § 2 Nr. 5 nicht erfasst, in denen die geänderte Leistung bereits vom bisher bestehenden vertraglichen Leistungsumfang erfasst ist, wozu insbesondere der Fall gehört, dass der vertraglich geschuldete Erfolg nicht ohne die Leistungsänderung zu erreichen ist.

Ist die zu erbringende Leistung im Leistungsverzeichnis nicht genau beschrieben und kalkuliert der AN sein Angebot unter der Annahme günstiger Umstände, die dann nicht eintreten, hat der AN keinen Anspruch auf eine Mehrvergütung.

Beispielfall 8:

In der Leistungsbeschreibung zu einem Pauschalvertrag wurde die Wasserhaltung global ausgeschrieben. Planungsunterlagen waren keine vorhanden. Die Art der Wasserhaltung wurde dem AN freigestellt. Bei der Ausführung wurde anstatt einer vom AN vorgesehenen offenen Wasserhaltung, ohne Anordnung des AG und ohne Veränderung des Grundwasserstandes, eine erheblich teurere geschlossene Wasserhaltung notwendig, die mit erheblichen Mehrkosten herzustellen war.

Die geschlossene Wasserhaltung war zur Erlangung des vertraglichen Erfolges notwendig. Der AN hat keinen Anspruch auf eine Mehrvergütung. Der AN hat die Leistung ohne Planungsunterlagen für die Art der Ausführung pauschal versprochen. Damit war er dem Risiko ausgesetzt, über die von ihm kalkulierten Ausführungen hinaus erhebliche Mehrleistungen erbringen zu müssen, ohne dafür eine zusätzliche Vergütung beanspruchen zu können. [47]

Dem AN hätte u.U. im vorgenannten Fall eine Mehrvergütung zugestanden, wenn er bei der Abgabe seines Angebotes den AG auf die gewählte Methode hingewiesen und die Leistung dementsprechend eingegrenzt hätte. Dies kann allerdings für Ausschreibungen nach VOB/A nicht in Frage kommen, da dort nur unveränderte Angebote gewertet werden dürfen. Im Falle einer öffentlichen Ausschreibung müsste der AN den AG auf die mangelnde Ausschreibung hinweisen und ihn dazu auffordern, den Mangel schnellstens zu beheben. Verändert der AN die Ausschreibung, indem er zusätzliche Anmerkungen zur Art und Weise der Leistung macht, wird er vom Bieterverfahren ausgeschlossen.

Der AN hat ebenfalls keinen Anspruch auf eine Mehrvergütung, wenn er sich vor Abgabe seines Angebotes nicht nach den Einzelheiten der geplanten Ausführung erkundigt, die er weder dem Leistungsverzeichnis noch den Planunterlagen hinreichend entnehmen kann. Sind diese Informationen für eine zuverlässige Kalkulation unentbehrlich, darf der AN lückenhafte Leistungsbeschreibungen nicht hinnehmen. Er muss die offenen Punkte vor Angebotsabgabe klären. Dabei hängt es vom jeweiligen Einzelfall ab, was vom Auftragnehmer im konkreten Fall zumutbar zu erwarten ist. [48]

---

[47] BGH, BauR 1992, 759 (Fall: Wasserhaltung I)
[48] BGH, BauR 1987, 683

In der Praxis ist es fast die Regel, dass bei Vertragsabschluss noch keine Baugenehmigung vorliegt. In diesem Fall sind alle Änderungen aus der Baugenehmigung zum vereinbarten Vertragssoll eine Anspruchsgrundlage für einen Nachtrag nach § 2 Nr. 5 VOB/B. Die Änderungen werden zwar mittels eines Dritten veranlasst, jedoch sind diese Änderungen dem Verantwortungsbereich des AG zuzurechnen.

Beispielfall 9:
Ein Teilstück einer Autobahn wird neu gebaut. Die Verkehrsbehörde verlangt eine andere Verkehrsführung in der Baustelle als ursprünglich geplant.

Die Anordnungen der Verkehrsbehörde fallen in den Verantwortungsbereich des AG. Hieraus ergibt sich für den AN eine Anspruchsgrundlage für einen Nachtrag nach § 2 Nr. 5. Der AG hat die entstehenden Kosten aufgrund der Änderung des Entwurfs zu tragen, obwohl die Anordnung von der Verkehrsbehörde getroffen wurde.

Im vorgenannten Fall liegt der anordnende Eingriff des AG darin, dass er in Kenntnis der von dritter Seite gestellten Forderung den Auftragnehmer die veränderte Ausführung herstellen lässt. Hier ist stets zu beachten, dass eine Anordnung auch konkludent (schlüssig) oder stillschweigend erklärt werden kann. Dies ergibt sich beispielsweise dadurch, dass der AG trotz Einflussnahme von dritter Seite weiterbaut, ihm aber keine andere Wahl bleibt, als dem Verlangen des Dritten zu entsprechen. Eine stillschweigende Weisung kann auch vorliegen, wenn schwierigere Bedingungen als im ursprünglichen Vertrag vorgesehen auftreten und der AG in Kenntnis dessen den AN weiter ausführen lässt. Dies könnte z.B. sein, wenn sich die Bodenverhältnisse gegenüber den ausgeschriebenen Verhältnissen ändern.

Häufig entstehen Änderungen in der Planung aufgrund von Eintragungen des Prüfingenieurs. Dessen geforderte Änderungen, bedingt durch die Prüfung der statischen Berechnungen oder der Ausführungspläne, die eine Leistungsänderung mit sich bringen, sind ebenfalls nachtragswürdig i.S. der §§ 2 Nr. 5 und Nr. 6 VOB/B. Beim bloßen Wegfall von Leistungen regelt dies der § 2 Nr. 4 bzw. der § 8 Nr. 1 VOB/B.

Die Unterscheidung der Anspruchsgrundlage zwischen den einzelnen Möglichkeiten des § 2 fällt in der Praxis vielen VOB - Anwendern schwer. Die Übergänge sind, besonders zwischen dem § 2 Nr. 5 VOB/B und dem § 2 Nr. 6 VOB/B, fließend und nur schwer zu unterscheiden. Ein Lösungsansatz zur Abgrenzung zwischen geänderten Leistungen (§ 2 Nr. 5 VOB/B) und zusätzlichen Leistungen (§ 2 Nr. 6 VOB/B) ist im Kapitel 2.5 – Abgrenzung zwischen geänderten und zusätzlichen Leistungen - zu finden.

Die Abgrenzung des § 2 Nr. 5 VOB/B zum § 2 Nr. 3 VOB/B ist hingegen eindeutiger. Wie schon mehrfach erläutert, ist bei einer Mengenänderung ohne Eingriff des AG der § 2 Nr. 3 maßgebend. Ändern sich die Mengen aufgrund einer Änderung in der Planung oder einer Anordnung des AG, sind die §§ 2 Nr. 5 oder Nr. 6 VOB/B maßgebend.

Häufig trifft der AN auch Anordnungen, in dem er Pläne übergibt, die Änderungen enthalten. Diese Pläne sind dann eindeutig als schriftliche Anordnung zu verstehen.[49]

Beispielfall 10:
Durch eine Änderung des AG in der Phase der Ausführungsplanung kommt es zu einer Reduzierung der Großbohrpfähle gegenüber der vertraglich vereinbarten Menge, so dass die einzelnen Pfähle mehr Lasten aufnehmen müssen. Dadurch bedingt wird eine Mehrmenge an Stahl erforderlich.
   Dies ist kein Nachtrag i.S. des § 2 Nr. 3 VOB/B, sondern ein Mehrvergütungsanspruch, basierend auf § 2 Nr. 5 VOB/B. Durch die Veränderung der Lastenverteilung auf die einzelnen Bohrpfähle ist eine Änderung des Entwurfs entstanden. Die Leistung hat sich nicht nur in der Quantität (Mehrmengen an Stahl), sondern auch in der Qualität geändert, so dass die Anwendung des § 2 Nr. 3 ausgeschlossen werden kann.[50]

Eine Änderung auf der Grundlage des § 2 Nr. 5 VOB/B kann sich häufig auch auf die vertraglichen Vordersätze (Mengen) auswirken. Der vorgenannte Beispielfall bleibt dennoch ein Fall des § 2 Nr. 5, weil es auf die Grundursache der Veränderung ankommt. Die ist hier bei einer Änderung der Planung zu finden, die vom AG, bzw. einem Mitwirkenden des AG, zu vertreten ist.

---

[49] BGH, BauR 1998, 874
[50] OLG Frankfurt, BauR 1986, 236

Die Veränderung der Bohrpfähle aufgrund einer höheren Lastaufnahme hat zur Folge, dass ein höherer Stahlanteil pro Bohrpfahl benötigt wird. Eine Anspruchsgrundlage auf der Basis von § 2 Nr. 6 VOB/B scheidet aus, da eine Änderung des Entwurfs vorliegt, die in den Inhalt der Position eingreift. Es handelt sich nicht um eine bloße Mengenmehrung einer Position.

Beispielfall 11:
Der Auftraggeber ordnet an, dass eine Mauerwerkswand mit Steinen im Steinformat 8 DF gemauert wird. Im Vertrag war ursprünglich als Steinformat 10 DF vorgesehen.

Auch dieser Fall führt zu keinem Anspruch nach § 2 Nr. 3 VOB/B, sondern er hat einen Mehrvergütungsanspruch nach § 2 Nr. 5 VOB/B zur Folge. Zwar führte der vorgenannte Fall aufgrund des angeordneten kleineren Steinformates „nur" zu einer Mehrmenge, jedoch ist dies auf eine Anordnung des AG und eine Änderung der Planung zurückzuführen, die in den kalkulatorischen Inhalt der Position eingreift. Es wird eine Veränderung der Position erforderlich, da aufgrund des kleineren Steinformates auch andere Lohnansätze zur Herstellung nötig werden. Es liegt deshalb eindeutig ein Fall von § 2 Nr. 5 VOB/B vor.

Entstehen bei einer Baumaßnahme lediglich bloße Mehrmengen, ohne dass in den Inhalt der Leistung eingegriffen wird, ist als Anspruchsgrundlage i.d.R. der § 2 Nr. 6 VOB/B maßgebend.[51] Dies könnte eine Anordnung betreffen, die eine Mehrmenge einer Position bewirkt, ohne dass auch nur eine geringfügige Veränderung der Position notwendig wird.

c) Die Anordnung des AG

Eine Anordnung setzt im Ausgangspunkt eine einseitige Maßnahme des AG voraus. Dazu zählen auch Anordnungen eines berechtigten Vertreters. In diesem Zusammenhang ist die Vollmacht des Architekten zu erwähnen, die oftmals nicht klar genug geregelt ist. Es ist ratsam, die Handlungsbefugnis und die Vollmachten für den Architekten des AG mit dem AG im Vorfeld einer Baumaßnahme genau zu vereinbaren. Der vollmachtlos handelnde Architekt ist bei einer unwirksamen Auftragserteilung u.U. gemäß § 179 BGB schadensersatzpflichtig. Insofern müsste auch dem Architekten daran gelegen sein, die Frage der Vollmacht eindeutig zu klären.

---

[51] siehe auch Kapitel 2.5 – Abgrenzung zwischen geänderten und zusätzlichen Leistungen

Eine Anordnung ist die eindeutige Aufforderung des AG an den AN, eine Baumaßnahme in einer bestimmten Art und Weise auszuführen. Für den AN muss eindeutig zum Ausdruck kommen, dass es sich um eine verpflichtende Vertragserklärung handelt.[52] Eine Anordnung kann nicht allein darin gesehen werden, wenn der AG ohne Eingriff in die vereinbarte Art und Weise der Leistung nur seine Mitwirkungspflichten verletzt. Die Anordnung des AG sollte möglichst in Schriftform erfolgen.[53]

Nach Meinung einiger Kommentare zur VOB ist es für eine Anordnung des AG nicht erforderlich, dass diese dem direkten Verantwortungsbereich des AG zugerechnet werden kann, weil dazu weder dem § 2 Nr. 5 noch aus dem § 1 Nr. 3 VOB/B Anhaltspunkte zu entnehmen sind. Der BGH hat dies bereits mehrmals anders entschieden.[54]

Dies ist von Bedeutung, wenn es sich beispielsweise um Bauverzögerungen aufgrund mangelhafter oder verspäteter Vorleistungen anderer Unternehmer handelt. Zu den Pflichten des AG gehört eindeutig, dass er das Grundstück, auf dem gebaut werden soll, zur Verfügung stellt und für die Möglichkeit der unbehinderten Leistungserfüllung sorgt.[55] Insofern hat der AG auch dafür Sorge zu tragen, dass Unternehmen, die Vorleistungen erbringen, diese ordnungsgemäß und fristgerecht herstellen, so dass dem Folgeunternehmen kein Verzug entsteht.

Der AG hat bei der Ausführung einer Bauleistung gewisse Pflichten zu erfüllen. Neben den schon erwähnten Pflichten zur Abnahme und zur Bezahlung der Bauleistung ist der AG auch verpflichtet, die Ausführungsunterlagen rechtzeitig zur Verfügung zu stellen.

Beispielfall 12:
Der AG stellt Ausführungsunterlagen, die er vertraglich zu liefern hat, verspätet zur Verfügung. Dadurch verzögert sich der Bauablauf und es entsteht eine Behinderung.
Aus diesem Sachverhalt entsteht i.d.R. kein Mehrvergütungsanspruch nach § 2 Nr. 5 VOB/B. Es entsteht lediglich ein Schadensersatzanspruch wegen Behinderung, der durch den § 6 Nr. 6 VOB/B geregelt wird.

---

[52] BGH, BauR 1992, 759
[53] BGH, BauR 1998, 847
[54] BGH, BauR 1985, 561
[55] OLG Düsseldorf, BauR 1999, 1309

Keldungs in Ingenstau/Korbion sieht im vorgenannten Fall keine Anordnung des AG oder eine Änderung des Bauentwurfs. Der AG verletze lediglich seine Mitwirkungspflichten. Er greife nicht in die Art und Weise der Leistung ein. Deshalb könne der AN keinen Mehrvergütungsanspruch auf der Grundlage des § 2 Nr. 5 VOB/B geltend machen. Die Fälle von Pflichtverletzungen durch die Vertragspartner und dadurch bedingte Behinderungen bzw. Bauzeitverlängerungen werden durch den § 6 VOB/B geregelt.

Andere Kommentare sehen jedoch schon in der Verletzung der Mitwirkungspflicht eine Anordnung des AG, wenn aufgrund der Pflichtverletzung eine Verzögerung des Bauablaufes entsteht. Würde man davon ausgehen, dass eine verspätete Planlieferung und eine daraus resultierende Bauzeitverzögerung als Anordnung des AG zu werten ist, käme neben einem Schadensersatz nach § 6 Nr. 6 VOB/B auch ein Mehrvergütungsanspruch auf der Grundlage des § 2 Nr. 5 VOB/B in Betracht.[56]

Eine Anordnung des AG in Verbindung mit einer Bauzeitverlängerung kann aber grundsätzlich nur zu einem Mehrvergütungsanspruch nach § 2 Nr. 5 führen, wenn sie dem Verantwortungs- und Risikobereich des AG zuzurechnen ist.

d) Ankündigung der Ansprüche

Der Satz 2 des § 2 Nr. 5 VOB/B sagt, dass die Vereinbarung über die Änderung der Vergütung vor der Ausführung getroffen werden soll. Dies ist keine zwingende Regelung. Das Verlangen von Änderungen der Vergütung muss nicht zum genannten Zeitpunkt der Leistungsänderung oder zu Beginn der Ausführung gefordert werden. Der § 2 Nr. 5 Satz 2 VOB/B hindert nicht das Entstehen eines neuen Preises, wenn dies nicht vor Ausführung der Leistung angekündigt wurde. Es handelt sich bei dieser Aussage „nur" um eine bloße Empfehlung.

Die Empfehlung, die Vereinbarung über die Änderung der Vergütung vor Ausführung der Leistungen zu vereinbaren, ist jedoch durchaus berechtigt. Häufig hat eine nicht getroffene Ankündigung der Vergütungsänderung

---

[56] ähnlich OLG Düsseldorf, OLG – Report 1995, 271

unnötige Streitigkeiten zur Folge, die das Verhältnis von AG und AN stark belasten.

Wird vor Beginn der Arbeiten keine Einigung erzielt, verliert der AN im Falle des § 2 Nr. 5 trotzdem nicht seine Mehrvergütungsansprüche. Dies ist eine Regelung, die den § 2 Nr. 5 VOB/B unkalkulierbar macht. Der AN erhält bei einem Nachtragsanspruch nach Nr. 5 auch dann seine Vergütung, wenn er vor der Ausführung nichts gesagt hat. Das birgt in der Praxis oft unkalkulierbare Risiken. Grundsätzlich kann der AN Nachtragsforderungen noch bis zur Schlussrechnung stellen. Die Abnahme bewirkt nicht die Verjährung der Ansprüche.

Wenn vom AN die Anpassung der Vergütung verlangt wird, hat der AG die Pflicht zu handeln. Verweigert der AG endgültig und eindeutig die Anpassung der Preise, so steht dem AN nach § 9 Nr. 1 a VOB/B das Recht zur Kündigung oder Teilkündigung des Vertrages zu. Das gleiche Recht gilt ebenso im umgekehrten Verhältnis, wenn der AG eine Veränderung der vereinbarten Vergütung verlangt und der AN sich endgültig und eindeutig verweigert.

Wird in Besonderen oder Zusätzlichen Vertragsbedingungen geregelt, dass eine Vereinbarung über die Preise vor der Ausführung stattfinden soll, haben die Vertragspartner sich grundsätzlich daran zu halten. In jedem Fall würde hierdurch auch ein „gewisser Druck" auf die Vertragspartner entstehen, die Nachtragsangebote schnellstmöglich zu bearbeiten und dazu Stellung zu nehmen. Es obliegt der Prüfung im Einzelfall, ob eine derartige Regelung unwirksam ist oder vereinbart werden kann.

Es ist jedoch sehr empfehlenswert, aufgrund der Tatsache, dass die Grenzen zwischen § 2 Nr. 5 und § 2 Nr. 6 fließend sind, eine Einigung vor Ausführung zu erzielen. Beim § 2 Nr. 6 VOB/B muss nämlich die Vereinbarung des neuen Preises vor der Ausführung getroffen werden. Stellt sich im Nachhinein heraus, dass eine vermutete Vergütungsänderung, die ursprünglich nach § 2 Nr. 5 VOB/B bewertet wurde, nach Überprüfung der Sachlage und nach Ausführung der Leistung in den Bereich von § 2 Nr. 6 fällt, hat der AN u.U. keinen Anspruch auf die Vergütung der Leistung.

e) Neuberechnung der Vergütung

Um einen Nachtrag auf der Basis des § 2 Nr. 5 VOB/B aufbauen zu können, muss im Prinzip die gesamte Angebotskalkulation offen gelegt werden, da beinahe alle Kostenarten betroffen sein können. Die Kalkulation von Nachträgen beruht auf der ursprünglichen Kalkulation des Bauvorhabens und muss auch in ihrem Sinne weitergeführt werden. Die Berechnung des neuen Preises hat auf einer schlüssigen Kalkulation zu beruhen. Generell ändert sich nur der Preis für die jeweilige Position, bei der Änderungen vorgenommen werden. Es können auch preisliche Änderungen bei Positionen eintreten, bei denen die Leistungsänderung ursächlich Einfluss nimmt. Und genau dieser Punkt macht den § 2 Nr. 5 VOB/B unberechenbar, weil sich nicht nur die Vergütung für die unmittelbar betroffene Leistung ändert, sondern auch andere Leistungen und Kalkulationsgrößen betroffen sein können. Gerade der Einfluss auf die Bauzeit birgt ein großes Potenzial an Mehrvergütungs- und Schadensersatzforderungen.

Bei der Erstellung eines Nachtragsangebotes sollte daher stets auf den Einfluss der Leistungsänderung auf die Bauzeit hingewiesen werden. Wenn der AN sich gegenüber dem AG die Geltendmachung der Kosten aus der Bauzeitverlängerung nicht vorbehält, muss er sie bereits in die Nachtragspreise mit einrechnen. Ansonsten hat er u.U. im Nachhinein keine Möglichkeit, seine Kosten aufgrund der Bauzeitverlängerung erstattet zu bekommen.

Ein Nachtragsangebot des AN muss grundsätzlich alle durch die Änderung verursachten Mehr- oder Minderkosten berücksichtigen. Der AG ist nach Eingang des Angebotes daran gehalten, dieses unverzüglich zu prüfen. In einem Nachtragsangebot sollte immer eine Frist zur Beauftragung der Arbeiten gesetzt werden, um den Bauablauf nicht unnötig zu verzögern.

Der in der ursprünglichen und zur Vertragsgrundlage gewordenen Kalkulation gerechnete Gewinn sollte bei Nachträgen nicht geschmälert werden. Nachlässe sind dann zu beachten, wenn sie Kalkulationsgrundlage waren. Ferner ist es unzulässig, bei der Neuberechnung von Kosten auf andere Baumaßnahmen oder auf den Preis anderer Unternehmer hinzuweisen.[57] Maßgebend ist alleine die aktuelle Baumaßnahme mit ihrer Kalkulation und den darin enthaltenen Ansätzen.

---

[57] Marbach, ZfBR 1989, 29

Um der Anrechnung dieser Ansätze zu entgehen, kann der AG vor einer Anordnung, die einen Nachtrag nach § 2 Nr. 5 zur Folge hätte, um ein Angebot des AN bitten und diesen auf der Grundlage seines neuen Angebotes beauftragen. Somit ist der AN nicht an seine Kalkulation gebunden und kann „frei kalkulieren". Dies ist ein Ablaufmuster nach dem allgemeinen Werkvertragsrecht und ermöglicht den Vertragspartnern Flexibilität bei der Ermittlung der Kosten für einen Nachtrag.

f) Bauvertragsklauseln

Oftmals wird versucht, den § 2 Nr. 5 VOB/B durch eine individuelle Vertragsklausel außer Kraft zu setzen, um der Anpassung der Vergütung fühlbar entgegenzutreten oder die Anpassung gar auszuschließen. Häufig verstoßen solche Klauseln, die einseitig einem Vertragspartner schaden, gegen die §§ 305 ff BGB.[58] Es ist deshalb sehr zu empfehlen, mit solchen Regelungen behutsam umzugehen, da derartige Klauseln in den Besonderen oder Zusätzlichen Vertragsbedingungen oftmals unwirksam sind.

Beispielfall 13:
In den zusätzlichen Vertragsbedingungen zu einem Bauvorhaben steht folgende Klausel:
„Kommt es zu Änderungen des Leistungsumfangs oder des Leistungsinhalts durch Auflagen im Rahmen öffentlich-rechtlicher Genehmigungen, ist der AN nicht berechtigt, eine veränderte Vergütung zu verlangen."
Eine solche Klausel ist unwirksam, da die Auflagen aus den öffentlich-rechtlichen Genehmigungen stets dem Einwirkungsbereich des AG zuzurechnen sind.

Gleiches gilt für Bauvertragsklauseln, die dem AG das pauschale Recht geben, eine Leistungsänderung bis zu 10 % vorzunehmen, ohne dem Auftragnehmer die Änderung des Vergütungsanspruchs zu gewähren.[59] Solche Klauseln verstoßen eindeutig gegen die §§ 305 ff BGB und sind bei der Verwendung als allgemeine Vertragsklauseln unwirksam.

---

[58] ehemals AGB - Gesetz
[59] OLG Frankfurt, NJW-RR 1986, 245

```
┌─────────────────────┐              ┌─────────────────────┐
│    Hat der AG eine   │    ┌─────┐   │  Die Vergütung ändert│
│     Änderung der     │───▶│ Nein│──▶│      sich nicht      │
│ Leistung angeordnet? │    └─────┘   │                      │
└─────────────────────┘              └─────────────────────┘
          │
       ┌─────┐
       │ Ja  │
       └─────┘
          │
          ▼
┌─────────────────────┐              ┌─────────────────────┐
│   Ändert sich aufgrund│   ┌─────┐   │  Die Vergütung ändert│
│   der Anordnung die  │───▶│ Nein│──▶│      sich nicht      │
│ Basis des vereinbarten│   └─────┘   │                      │
│      Preises?        │              └─────────────────────┘
└─────────────────────┘
          │
       ┌─────┐
       │ Ja  │
       └─────┘
          │
          ▼
┌─────────────────────┐              ┌─────────────────────┐
│  Kann der Preis für die│  ┌─────┐   │  Es handelt sich u.U.um│
│    geänderte Leistung│───▶│ Nein│──▶│   eine Zusatzleistung│
│  kalkulatorisch aus der│  └─────┘   │ gemäß § 2 Nr. 6 VOB/B│
│    bisherigen Leistung│             └─────────────────────┘
│  abgeleitet werden?  │
└─────────────────────┘
          │
       ┌─────┐
       │ Ja  │
       └─────┘
          │
          ▼
┌─────────────────────┐
│   Den „sichersten Weg"│
│    gehen und den     │
│  Vergütungsanspruch  │
│  schriftlich anmelden│
└─────────────────────┘
          │
       ┌─────┐
       │ Ja  │
       └─────┘
          │
          ▼
┌─────────────────────┐              ┌─────────────────────┐
│  Hat der AN einen neuen│  ┌─────┐   │  Die Vergütung ändert│
│    Preis verlangt?   │───▶│ Nein│──▶│      sich nicht      │
└─────────────────────┘    └─────┘   └─────────────────────┘
          │
       ┌─────┐
       │ Ja  │
       └─────┘
          │
          ▼
┌─────────────────────┐
│ Es ist der neue Preis für│
│  die geänderte Leistung│
│     zu vergüten      │
└─────────────────────┘
```

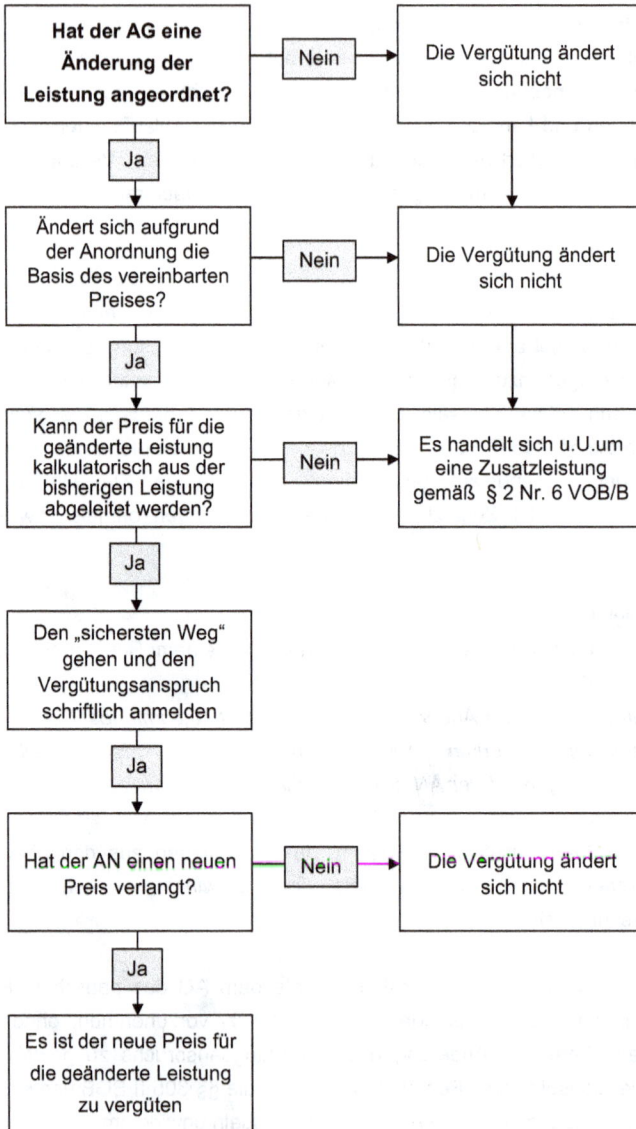

Abbildung 5: Geänderte Leistungen nach § 2 Nr. 5 VOB/B

2.4 Zusätzliche Leistungen nach § 2 Nr. 6 VOB/B

---

§ 2 Nr. 6 VOB/B (Auszug aus der VOB 2002)

(1) Wird eine im Vertrag nicht vorgesehene Leistung gefordert, so hat der Auftragnehmer Anspruch auf besondere Vergütung. Er muss jedoch den Anspruch dem Auftraggeber ankündigen, bevor er mit der Ausführung der Leistung beginnt.

(2) Die Vergütung bestimmt sich nach den Grundlagen der Preisermittlung für die vertragliche Leistung und den besonderen Kosten der geforderten Leistung. Sie ist möglichst vor Beginn der Ausführung zu vereinbaren.

---

a) Grundsätzliches zum § 2 Nr. 6 VOB/B

Nach § 1 Nr. 4 VOB/B muss der Auftragnehmer auf Verlangen des Auftraggebers auch nicht vereinbarte Leistungen ausführen, wenn diese zur Ausführung der vertraglichen Leistung erforderlich werden. Die Ausnahme ist, wenn der Betrieb des AN für derartige Leistungen nicht eingerichtet ist.[60] Der § 1 Nr. 4 VOB/B bildet das Pendant zum § 2 Nr. 6 VOB/B.

Der § 2 Nr. 6 VOB/B befasst sich mit den zusätzlichen Leistungen, die nach Vertragsabschluss entstehen. Eine Leistung ist dann zusätzlich im Sinne von § 2 Nr. 6, wenn es sich um eine im Bauvertrag bisher nicht vorgesehene, also nicht geschuldete Leistung handelt. Diese Leistung muss in technischer Hinsicht oder von der beabsichtigen Nutzung her in Abhängigkeit zur schon vereinbarten Leistung stehen, um als zusätzliche Leistung zu gelten. Im Gegensatz zum § 2 Nr. 5 VOB/B, der sich mit geänderten Leistungen befasst, regelt § 2 Nr. 6 die Leistungen, die bisher im Vertrag noch nicht vorgesehen waren. Dass dem AN für eine nach Vertragsabschluss geforderte zusätzliche Leistung eine zusätzliche Vergütung zusteht, entspricht den allgemeinen Regeln des Schuldrechts.[61]

Von bedeutender Wichtigkeit ist der § 2 Nr. 6 Satz 2. Dieser fordert, dass der Vergütungsanspruch vor Beginn der Arbeiten angekündigt werden muss. Dies ist keine bloße Empfehlung, sondern eine wirkliche Anspruchsvoraussetzung. Diese Bestimmung soll den Auftraggeber vor

---

[60] § 1 Nr. 4 VOB/B
[61] § 632 Abs.1 BGB

unkalkulierten Zahlungsverpflichtungen schützen und ihm gleichzeitig die Möglichkeit der Rücknahme seiner Forderung geben.

Fordert der AG eine Leistung, die nicht im Zusammenhang mit der vereinbarten Leistung steht, so ist dies keine zusätzliche Leistung, sondern eine Aufforderung zur Abgabe eines neuen Angebotes und ein eventueller Abschluss eines neuen Vertrages.

Die Vergütung für zusätzliche Leistungen wird durch den § 2 Nr. 6 Abs. 2 geregelt. Sie bestimmt sich nach den Werten der Urkalkulation für die vertragliche Leistung und den besonderen Kosten der geforderten Leistung.

Die Darlegungs- und Beweislast für einen Vergütungsanspruch basierend auf § 2 Nr. 6 VOB/B liegt beim Auftragnehmer. Dieser muss nachweisen, dass der bisherige Vertrag die geforderte Leistung nicht enthält.

Zum Sachverhalt des § 2 Nr. 6 VOB/B siehe auch Abbildung 6 auf Seite 68.

b) Nicht vorgesehene Leistungen

Nach § 2 Nr. 6 Abs. 1 Satz 1 VOB/B muss es sich bei der Anwendung von Nr. 6 um Leistungen handeln, die zusätzlich sind. Ob eine Leistung als „zusätzlich" anzusehen ist, richtet sich nach den Leistungen, die bisher schon im Vertrag enthalten sind. Das Bausoll, also die vertraglich geschuldete Leistung, bestimmt diese durch die einzelnen Vertragsbestandteile, die im Kapitel 1 näher erläutert wurden.

Eine zusätzliche Leistung ist eine Leistung, die im Vertrag nicht vorgesehen war und die auch nicht aus einer ähnlichen Position des Vertrages kalkulativ ermittelt werden kann. Nähere Einzelheiten zur Abgrenzung zwischen zusätzlichen und geänderten Leistungen sind im Kapitel 2.5 – Abgrenzung zwischen geänderten und zusätzlichen Leistungen - zu finden.

Zusätzliche Leistungen können sich auch ergeben, wenn eine Leistung zur ordnungsgemäßen Erfüllung der vertraglichen Vereinbarung zwar nötig ist, die Vertragsbestandteile diese Leistung jedoch nicht ausdrücklich vorsieht.

Beispielfall 14:

Der Auftraggeber ordnet nachträglich eine Isolierung für das Mauerwerk an. Diese hatte er im ursprünglichen Leistungsumfang vergessen und entsprechend nicht gefordert.

Hieraus ergibt sich ein Mehrvergütungsanspruch gemäß § 2 Nr. 6 VOB/B. Die Isolierung wird zur Erfüllung der ordnungsgemäßen Leistung erforderlich und war im ursprünglichen Leistungsinhalt ausdrücklich nicht vorgesehen.

Eine Änderung der Vergütung nach den Regeln des § 2 Nr. 6 ist auch bei einer Leistung denkbar, die sich im Inhalt nicht ändert, bei der sich jedoch der Umfang der Leistung vergrößert. Es muss sich aber um eine zusätzliche Leistung durch die Anordnung des AG oder eines Erfüllungsgehilfen handeln, damit der § 2 Nr. 6 VOB/B anwendbar ist. Im Falle einer bloßen Mengenmehrung, der keine Anordnung des AG vorausgegangen ist, muss § 2 Nr. 3 entsprechend angewendet werden. Dieser regelt die Mengenänderungen, die ohne Eingriff des AG zustande kommen.

Oftmals findet man in der Praxis den Fall, dass sich aus den Bestimmungen der VOB/C so genannte Besondere Leistungen ergeben, die, anders als die Nebenleistungen, entsprechend zu vergüten sind. Die Anspruchsgrundlage für die Vergütung der Besonderen Leistungen stellt der § 2 Nr. 6 VOB/B dar. Der nachfolgende Fall schildert die vorgenannte Situation.

Beispielfall 15:

Beim Bau eines Wohnhauses ordnet der Bauherr bei den Dachdeckerarbeiten ein Gerüst über 2 m an. Ein entsprechendes Gerüst ist in der Ausschreibung nicht vorgesehen.

Die DIN 18338 (VOB/C) sieht ein Gerüst mit einer Gerüsthöhe bis zu 2 m als Nebenleistung an. Gerüste mit einer Höhe von über 2 m sind besondere Leistungen und gesondert zu vergüten. Der Vergütungsanspruch für das Gerüst über 2 m leitet sich aus dem § 2 Nr. 6 VOB/B ab. Dieser bildet die Anspruchsgrundlage für die Mehrkosten. Gemäß den Bestimmungen der DIN 18338 ist ein Gerüst über 2 m eine besondere Leistung. Besondere Leistungen müssen gesondert ausgeschrieben und vergütet werden.

Grundlegende Voraussetzung für die Anwendbarkeit des § 2 Nr. 6 ist, dass der AG eine Leistung fordert, die noch nicht vom vorhandenen Leistungsumfang erfasst ist. Macht ein bevollmächtigter Dritter des Auftraggebers (z.B. der Architekt des AG) von diesem Recht erkennbar missbräuchlich Gebrauch, entsteht dadurch kein Anspruch auf zusätzliche Vergütung für den AN. Das Verlangen des Architekten wäre unwirksam.[62] In diesem Zusammenhang ist wieder auf die Vollmacht des Architekten hinzuweisen, die unbedingt rechtzeitig und eindeutig mit dem AG geklärt werden muss.

Unverbindliche Anregungen, Vorschläge oder Ideen, wie man eine Leistung eventuell verändern kann, stellen kein eindeutiges Verlangen nach einer zusätzlichen Leistung dar.

Es spielt grundsätzlich keine Rolle, warum der AG eine zusätzliche Leistung fordert. Gemäß § 1 Nr. 4 VOB/B hat der AN diese auf Verlangen des AG auszuführen. Einzige Ausnahme ist, wenn der Betrieb des AN nicht auf derartige Leistungen eingerichtet ist. Erforderlich ist allerdings, dass die zusätzliche Leistung sich in technischer Hinsicht und/oder sich in Abhängigkeit mit der bisher beabsichtigen Nutzung befindet. Leistungen, die mit dem ursprünglichen Bausoll nichts zu tun haben, führen über ein Angebot zu einem neuen Vertragsverhältnis, aber nicht zu einer zusätzlichen Leistung.

Beispielfall 16:
Ein Bauunternehmer erhält den Auftrag zur Erstellung eines Rohbaus für ein Bürogebäude. Der AG möchte nun direkt neben dem Bürogebäude eine Cafeteria anbauen und beauftragt den AN mit der Erstellung des Rohbaus für die Cafeteria. Ursprünglich war im Vertrag nur die Erstellung des Rohbaus für das Bürogebäude vorgesehen.
Dies ist keine zusätzliche Leistung i.S. des § 2 Nr. 6 VOB/B. Der AN ist nicht zur Ausführung der Arbeiten verpflichtet. Die geforderte Leistung ist nicht zur Erfüllung der vertraglichen Leistung erforderlich. Der AN kann ein neues Angebot erstellen und daraufhin eventuell ein neues Vertragsverhältnis eingehen. Der AN ist auch nicht an die Kalkulation des ursprünglichen Auftrags gebunden. Er kann frei kalkulieren und neu verhandeln.

---

[62] BGHZ, 113, 315

Der AG hat keinen Anspruch auf Fortführung von Leistungen, die zwar ursprünglich Leistungsinhalt des Vertrages waren, dieser Vertrag aber bereits erfüllt ist. Einen derartigen Sachverhalt schildert der nachfolgende Beispielfall.

Beispielfall 17:
Ein Bauunternehmen erstellt den Rohbau eines Gebäudes. Der AG fragt beim Unternehmer nach, ob dieser den Bauzaun sowie die Toiletten- und Bürocontainer für die restliche Bauzeit der Ausbauphase dem AG zur Verfügung stellen kann.

Auch hier liegt keine Anspruchsgrundlage für einen Nachtrag nach § 2 Nr. 6 VOB/B vor. Im vorliegenden Fall handelt es sich um eine selbstständige Leistung, die entsprechend mit einem neuen Angebot in einem neuen Vertragsverhältnis enden kann. Der AN ist nicht dazu verpflichtet, dem AG die Baustelleneinrichtungen weiter zur Verfügung zu stellen. Die vertragliche Leistung des AN ist mit Erstellung des Rohbaus abgeschlossen. Es sei denn, es wurde vertraglich etwas anderes vereinbart.

In der Abgrenzung zu den Fällen des § 2 Nr. 3 VOB/B (Mehr- und Mindermengen) ist die Unterscheidung in der Anordnung des AG zu suchen. Mengenänderungen ohne Anordnung des AG sind ein Fall des § 2 Nr. 3. Mengenänderungen, die durch Anordnung des AG entstehen, werden i.d.R. nach § 2 Nr. 6 VOB/B vergütet.

Beispielfall 18:
In einem Nassbereich sollen die Wandflächen laut Ausschreibung bis zu einer Höhe von 2,00 m (türhoch) mit Fliesen verblendet werden. Nun verlangt der AG, dass diese Bereiche bis zu einer Höhe von 3,00 m (raumhoch) gefliest werden.

Hier ändert sich nicht die Leistung, sondern es kommt eine zusätzliche Leistung hinzu, die vom AG angeordnet wird. Dies ergibt eine Anspruchsgrundlage für einen Nachtrag nach § 2 Nr. 6 VOB/B.

c) Ankündigung der Ansprüche vor Beginn der Arbeiten

Der § 2 Nr. 6 regelt in Absatz 1 Satz 2, dass die Ankündigung der Ansprüche vor Beginn der Leistungen erfolgen muss. Es genügt, wenn der AN seinen Anspruch sofort ankündigt, wenn er die Notwendigkeit einer zusätzlichen Leistung erkannt hat und eine Zusatzvergütung fordern will.[63] Es handelt sich bei der Regelung in Satz 2 aber um eine Anspruchsvoraussetzung.[64] Beginnt der AN mit der Ausführung der zusätzlichen Leistungen, ohne dem AG die Ansprüche anzukündigen, verliert er in der Regel seinen zusätzlichen Vergütungsanspruch.

Die Verpflichtung für den AN, zusätzliche Vergütungsansprüche vor Beginn der Arbeiten anzuzeigen, soll dazu dienen, den AG vor unklaren Vergütungsverpflichtungen zu schützen. Der AG soll nicht mit Ansprüchen des AN überrascht werden, mit denen er nicht gerechnet hat.[65] Der AN muss dem AG die Möglichkeit geben, seine Anordnung wieder zurück zu nehmen oder ändern zu können.

Keine Pflicht zur Ankündigung vor Beginn der Arbeiten besteht nach der Rechtssprechung des BGH, wenn der AG sich über die zusätzlichen Leistungen und die damit verbundenen Kosten im klaren sein konnte. War die Ankündigung der Ansprüche im konkreten Fall für den Schutz des AG entbehrlich und ohne Funktion, ist ein Verlust des Vergütungsanspruches bei fehlender Ankündigung nicht gerechtfertigt.[66] Dies ist dann gegeben, wenn dem AG keine Alternative zur sofortigen Ausführung der Leistung durch den AN geblieben wäre.

Die Entscheidung des BGH nimmt der Regelung des § 2 Nr. 6 Abs. 1 Satz 2 VOB/B deutlich die Schärfe. Dennoch sollte man in der Praxis die Vergütungsänderungen in jedem Fall vor Beginn der Arbeiten ankündigen.

Der Auftragnehmer ist in Bezug auf die Ankündigung der Ansprüche immer in der Darlegungs- und Beweislast. Er muss die Sachlage im Zweifelsfall nachweisen können. Aufgrund dessen sollte die Ankündigung der Ansprüche stets in Schriftform erfolgen. Der Zugang des Ankündigungsschreibens sollte sichergestellt werden, um Missverständnisse und Streitigkeiten zu vermeiden. Bei der Anspruchsankündigung wird von vornherein nicht vom AN verlangt, dass er seinen Anspruch auch tatsächlich geltend macht. Es genügt fürs Erste, dem AG zweifelsfrei darzulegen, dass die vom Vertrag nicht erfasste Leistung nicht unentgeltlich erbracht werden kann. Es ist nicht

---

[63] BGH, BauR 1991, 210
[64] BGH, BauR 1996, 542
[65] Fahrenschon, BauR 1977, 172
[66] BGH, BauR 1996, 313

Voraussetzung der Bestimmungen, dass der AN seine zusätzlichen Leistungen vor Beginn der Ausführungen in der Höhe angibt. Vor Beginn genügt die Erklärung, die Arbeiten nicht ohne eine zusätzliche Vergütung ausführen zu wollen. Die grundsätzliche Empfehlung lautet daher, wie auch schon bei den Vergütungsregelungen zuvor, den Anspruch immer vor Beginn der Arbeiten anzukündigen und wenn möglich die Preise entsprechend zu vereinbaren.

Eine besondere Form ist für die Ankündigung nicht vorgeschrieben. Es ist den Vertragspartnern aber dringend zu raten, die Ankündigung schriftlich zu tätigen.

Eine Ankündigung vor Beginn der Arbeiten zu machen heißt nicht, dass man nicht schon mit den Vorbereitungen zur Ausführung der zusätzlichen Leistungen beginnen kann. Vorbereitungen, die zur eigentlichen Herstellung der Zusatzleistungen dienen, wie z.b. Bestellung und Anfuhr von Material, fallen noch nicht unter den Begriff des Beginns.

d) Berechnung der Vergütung

Die Art und Weise, wie die Berechnung der zusätzlichen Leistungen erfolgt, ist aus dem § 2 Nr. 6 Abs. 2 VOB/B zu entnehmen. Dieser schreibt vor, dass die Vergütung nach den Grundlagen der Preisermittlung für die vertragliche Leistung und den besonderen Kosten der geforderten Leistung zu berechnen ist. Dies bedeutet aber nicht, dass ein Nachtragsangebot sämtliche Preisbestandteile des Hauptauftrages enthalten muss. Es muss lediglich der Preis für den Nachtrag auf der Basis des Hauptangebotes kalkuliert werden, soweit dies überhaupt möglich ist. Grundlage für diese Annahme ist, dass die zusätzlichen Leistungen in der Regel sachlich, zeitlich und auch räumlich mit der bisherigen Leistung in Verbindung stehen. Das trifft zumindest auf die Preise zu, die mit den bestimmten, wegen des genannten Zusammenhangs im Wesentlichen gleichgeblieben Leistungsfaktoren, wie z.B. der Baustelleneinrichtung oder der Gerätevorhaltung, in Verbindung stehen.

Ein vereinbarter Nachlass aus dem Hauptangebot ist auch auf die Zusatzangebote zu gewähren. Die zusätzliche Leistung ist zur Ausführung der vertraglichen Leistung notwendig. Somit müssen auch für die zusätzliche Leistung die Preisgrundlage aus dem Hauptauftrag gelten.[67] Diese Meinung des OLG Düsseldorf ist sehr umstritten. Erhöht sich das Auftragsvolumen des AN, vergrößert sich auch das unternehmerische Risiko des AN und ein grundsätzlicher Nachlass ist nach der Meinung von Keldungs in Ingenstau/Korbion nicht gerechtfertigt. Es ist daher ratsam, im Einzelfall zu entscheiden, ob ein entsprechender Nachlass gewährt wird oder nicht. In jedem Fall sollte er gewährt werden, wenn sich durch die Nachtragsleistungen das gesamte Auftragsvolumen nicht ändert. In diesem Fall wäre ein Versagen des Nachlasses nicht mit den Argumenten des unternehmerischen Risikos zu rechtfertigen, da sich die Gesamtabrechnungssumme nicht vergrößert.

Zusätzlich zu den Preisermittlungsgrundlagen der vertraglichen Leistung müssen die besonderen Kosten der geforderten Leistung berücksichtigt werden. Dies sind die leistungsbezogenen Kosten zur Ausführung, wobei in diesem Zusammenhang hauptsächlich die Lohn- und Materialkosten für die Zusatzleistungen zu nennen sind. Hierunter können auch hinzu kommende Preisermittlungsgrundlagen angesehen werden, beispielsweise wenn sich die bisherigen Verhältnisse auf der Baustelle ändern. Das ist z.B. der Fall, wenn bedingt durch die zusätzlichen Leistungen Änderungen in den Ausführungsfristen entstehen. Verlängern sich die Ausführungsfristen, muss geprüft werden, ob eventuell ein weiterer Mehrvergütungsanspruch nach § 2 Nr. 5 VOB/B geltend gemacht werden kann und ob ein Schadensersatzanspruch nach § 6 Nr. 6 VOB/B aufgrund einer Behinderung entsteht.

Gemäß Abs. 2 Satz 2 sollte die Einigung über die Preise möglichst vor Beginn der Ausführung erfolgen. Dies ist keine zwingende Vorschrift, da sie durch das Wort „möglichst" eingegrenzt wird. Es ist aber daher trotzdem nicht nur als Empfehlung aufzufassen, die Vereinbarung über die Preise vor der Ausführung zu vereinbaren, sondern als eine vertragliche Verpflichtung. Das Wort „möglichst" soll dem AN verdeutlichen, dass ihm im Allgemeinen kein Leistungsverweigerungsrecht zusteht, solange die Vereinbarung über die Höhe der Zusatzvergütung nicht getroffen wurde.[68]

Dem AG steht wiederum kein durchsetzbarer Anspruch auf Festlegung der Vergütung vor Beginn zu, wenn der Vertrag nichts anderes bestimmt. Es

---

[67] OLG Düsseldorf, BauR 1993, 479
[68] Hundertmark, Betrieb, 1987, 32, 34

kann in manchen Fällen sein, dass der Bauablauf durch Verhandlungen über die Vergütung von Zusatzleistungen aufgehalten wird. Die Vertragspartner sind aber gehalten, dies zu vermeiden.

Trifft einen der Vertragspartner bei dem Nichtzustandekommen einer Vergütungsregelung ein Verschulden, hat der andere Vertragspartner das Recht, die Ausführung zu verweigern oder zu verbieten. Kommt eine Einigung aus diesen oder anderen Gründen trotzdem nicht zustande, so tritt ein Verlust des Anspruchs trotzdem nicht ein.[69] Die Ankündigung des Anspruchs ist aber beim § 2 Nr. 6 immer Grundvoraussetzung. Entbehrlich kann die Ankündigungspflicht dann sein, wenn sich der AG unter den gegebenen Umständen über die Entgeltlichkeit der geforderten Leistung nicht im Unklaren sein konnte.[70]

Wenn der AN einen Teil der vom AG beauftragten Zusatzleistungen ausgeführt hat, kann er dafür unter den Voraussetzungen des § 16 VOB/B eine Abschlagszahlung verlangen. Dies ist auch möglich, wenn noch keine Einigung über die endgültige Höhe der Vergütung getroffen wurde.

Die für die vertraglich vorgesehene Leistung vereinbarte Vergütung bleibt grundsätzlich unberührt. Diese darf weder verändert noch sonst irgendwie angegriffen werden.[71]

e) Bauvertragsklauseln

Vorsicht ist insbesondere bei § 2 Nr. 6 VOB/B geboten, wenn dieser durch Vertragsklauseln eingeschränkt oder gar ausgeschlossen werden soll. Eine Vielzahl von Bauvertragsklauseln sind gerade die den § 2 Nr. 6 betreffend unwirksam, da dieser Paragraf auf der Grundlage der werkvertraglichen Grundbestimmungen des § 632 Abs. 1 BGB aufgebaut ist.

Die Klauseln dürfen die Ausgewogenheit der VOB nicht beeinträchtigen. Verstöße gegen die §§ 305 ff BGB[72] führen dazu, dass die VOB nicht mehr „als Ganzes" zur Geltung kommt und dass die entsprechende Klausel, wenn sie für unwirksam erklärt wurde, durch die Regelungen des BGB ersetzt wird.

---

[69] OLG Celle, BauR 1982, 381
[70] BGH, BauR 1978, 314
[71] Altmann, BB 1996, 925, 926
[72] ehemals AGB - Gesetz

Beispielfall 19:

In den Vertragsbedingungen eines Bauvertrages steht folgende Klausel:

„Der AG darf vom AN im Vertrag nicht genannte Leistungen ohne besondere Vergütung verlangen, wenn sie zur Erfüllung der vertraglichen Leistung notwendig werden."

Diese Klausel verletzt durch die Einseitigkeit wesentliche Grundgedanken des Werkvertragsrechts und verstößt deshalb gegen § 9 AGB – Gesetz (jetzt: § 307 BGB). Eine solche Klausel ist unwirksam.[73]

An dieser Stelle muss auch wieder der Grundsatz gelten, dass Bauvertragsklauseln im Zweifelsfall stets durch einen erfahrenen Baujuristen geprüft werden sollten.

Ein häufiges Problem im Nachtragswesen stellt das so genannte Bodenrisiko dar. Häufig wird von Seiten des AG versucht, das Bodenrisiko auf den AN zu übertragen. Grundsätzlich trägt aber der AG das Risiko der überraschenden, bei Leistungserbringung nicht erkennbaren Boden- und Wasserverhältnissen. Eine Übertragung der Risikohaftung auf den AN mit Hilfe einer Vertragsklausel wird in den meisten Fällen zur Unwirksamkeit der Vereinbarung führen, da eine solche Regelung zu einer unangemessenen Benachteiligung des AN führen würde.

---

[73] LG Frankfurt, AZ: 2/6 O 502/79, 06.02.1980

```
┌─────────────────────────┐
│   Hat der AG eine        │        ┌──────────────────────┐
│ zusätzliche, vertraglich │  Nein  │  Die Vergütung ändert │
│ nicht vereinbarte Leistung│ ────► │     sich nicht        │
│      verlangt?           │        └──────────────────────┘
└─────────────────────────┘
            │ Ja
            ▼
┌─────────────────────────┐        ┌──────────────────────┐
│   Ist die geforderte,    │        │ Die zusätzliche Leistung│
│ zusätzliche Leistung zur │  Nein  │   muss nicht erbracht  │
│ Erfüllung der vertraglichen│ ───► │       werden          │
│   Leistung notwendig?    │        └──────────────────────┘
└─────────────────────────┘
            │ Ja
            ▼
┌─────────────────────────┐        ┌──────────────────────┐
│  Ist der Betrieb des AN auf│       │ Die zusätzliche Leistung│
│   derartige Leistungen   │  Nein  │   muss nicht erbracht  │
│      eingerichtet?       │ ─────► │       werden          │
└─────────────────────────┘        └──────────────────────┘
            │ Ja
            ▼
┌─────────────────────────┐        ┌──────────────────────┐
│    Hat der AN den        │        │ Es besteht grundsätzlich│
│   Vergütungsanspruch     │  Nein  │   kein zusätzlicher    │
│   vor Beginn der         │ ─────► │   Vergütungsanspruch   │
│ Ausführung schriftlich   │        └──────────────────────┘
│     angekündigt?         │
└─────────────────────────┘
            │ Ja
            ▼
┌─────────────────────────┐
│ Die Vergütung bestimmt sich│
│ nach den Grundlagen der  │
│ Preisermittlung für die  │
│ vertragliche Leistung und den│
│  besonderen Kosten der   │
│  geforderten Leistung    │
└─────────────────────────┘
```

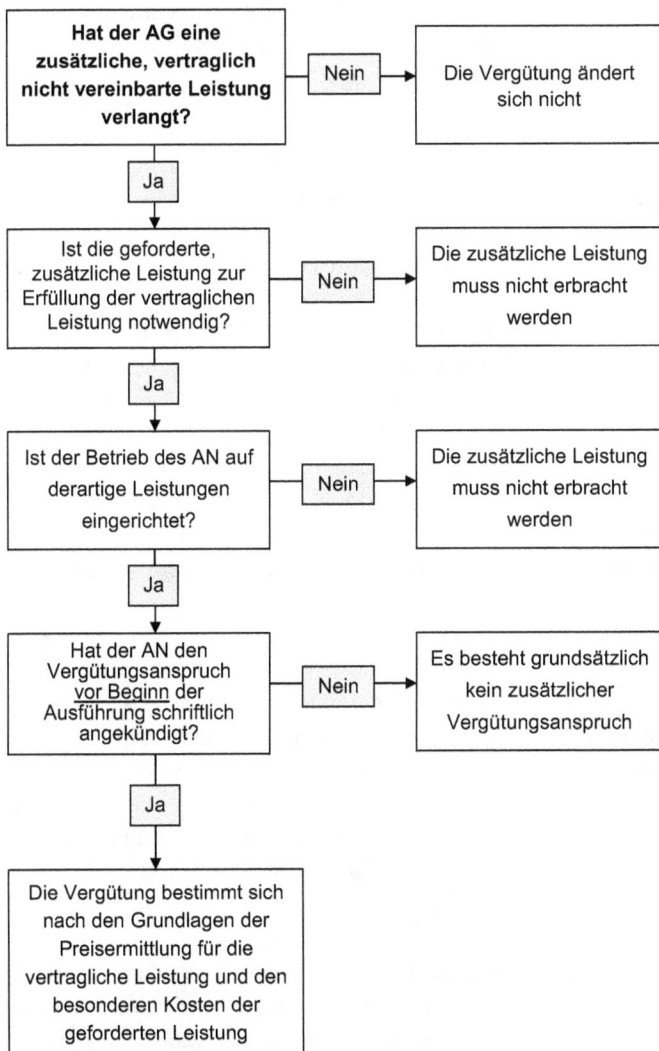

Abbildung 6: Zusätzliche Leistungen nach § 2 Nr. 6 VOB/B

2.5 Abgrenzung zwischen geänderten Leistungen nach § 2 Nr. 5 VOB/B und zusätzlichen Leistungen nach § 2 Nr. 6 VOB/B

a) Grundsätzliche Unterscheidungsmerkmale

Der Unterschied zwischen geänderten Leistungen und zusätzlichen Leistungen ist nicht immer klar ersichtlich. Gemeinsame Voraussetzung beider Regelungen ist, dass das Bausoll vom Bauist abweicht.

Die Anspruchsgrundlage für geänderte Leistungen stellt der § 2 Nr. 5 VOB/B dar, für die zusätzlichen Leistungen ist der § 2 Nr. 6 VOB/B maßgebend. Die Abgrenzung ist jedoch für die Praxis von grundlegender Bedeutung. Der entscheidende Unterschied liegt in der Ankündigung der Ansprüche. Bei zusätzlichen Leistungen, also bei der Regelung durch den § 2 Nr. 6 VOB/B, muss der Anspruch vor Beginn der Arbeiten angekündigt werden. Hingegen ist die Ankündigung vor Beginn der Arbeiten bei geänderten Leistungen, die durch den § 2 Nr. 5 VOB/B geregelt werden, nicht zwingend vorgeschrieben.

Wird der Anspruch auf die Veränderung der Vergütung bei zusätzlichen Leistungen (§ 2 Nr. 6) nicht vor Ausführung der Leistung angekündigt, hat der AN kein Recht auf die zusätzliche Vergütung. Dem AN steht in diesem Fall unter Umständen keine Vergütung für die zusätzlich erbrachte Leistung zu.[74] Diese Regelung ist für den AG günstiger, da er nicht zur Vergütung verpflichtet ist, wenn er nichts von der zusätzlichen Leistung wusste. Der AN hat die eindeutige Verpflichtung, den AG über Zusatzleistungen nach § 2 Nr. 6 zu unterrichten.

Die Schwierigkeit bei der Abgrenzung zwischen Nr. 5 und Nr. 6 liegt darin, zu entscheiden, welche Leistungen zusätzlich und welche Leistungen geändert sind. Es ist nahe liegend, dass bei erheblichen Änderungen des Entwurfs auch vertragliche Leistungen entfallen und neue Leistungen hinzukommen. Ebenfalls können Leistungen vertraglich vereinbarter Art in größerem oder geringerem Umfang gefordert werden. Ändert sich in diesem Fall die Grundlage der Preise, geht § 2 Nr. 5 als Spezialregelung vor, obwohl man vermuten könnte, dass hier § 2 Nr. 6 zuständig sein könnte. Die Rechtfertigung für die Entscheidung zu Nr. 5 ergibt sich aus der

---

[74] Ausnahmen siehe Kapitel 2.4 – Zusätzliche Leistungen nach § 2 Nr. 6 VOB/B

Tatsache, dass der AG eine Änderung des Entwurfs vornehmen kann, die schwerwiegend in den Vertrag eingreifen kann und die Kalkulationsmerkmale der ursprünglichen Leistung verändert. Die finanziellen Konsequenzen für den AN dürfen deshalb nicht ungünstiger ausfallen, als dies bei einer Änderungsanordnung der Fall wäre, die keine geänderte Leistung impliziert.

Die Differenzierung zwischen geänderten und zusätzlichen Leistungen gestaltet sich einfach, wenn die Anordnung des AG die Randbedingungen bzw. die Bauumstände betrifft. In diesem Fall ist immer der § 2 Nr. 5 VOB/B maßgebend.

Beispielfall 20:
Der AG ordnet an, dass sich die Fertigstellung gegenüber dem vertraglich vereinbarten Bauzeitenplan um 2 Monate verschiebt.
Die Änderung der Bauzeit betrifft die Bauumstände. In diesem Fall ist eindeutig der § 2 Nr. 5 VOB/B maßgebend. Ferner muss geprüft werden, ob aufgrund einer Behinderung ein eventueller Schadensersatzanspruch nach § 6 Nr. 6 VOB/B entsteht.

Wenn es sich bei der Anordnung des AG nicht nur um eine bloße Änderung des Bauverfahrens handelt (anstatt Kunststofffenster kommen Holzfenster zur Ausführung), sondern die Änderungen auch den Bauinhalt betreffen, können Abgrenzungsschwierigkeiten entstehen. Ordnet der AG bloße Mengenmehrungen an, führt dies nicht zu einer Änderung der Qualität. Die Anordnung hat lediglich Auswirkungen auf die Quantität. Derartige Anordnungen stellen eine zusätzliche Leistung gemäß § 2 Nr. 6 VOB/B dar.

Beispielfall 21:
Der Auftraggeber ordnet an, dass der Parkplatz nicht wie ursprünglich geplant 150 m², sondern nun 250 m² groß werden soll. Aufgrund der entstehenden Mehrmenge wird keine Änderung der Position erforderlich.
Dies ist eine klassische Mengenmehrung auf Anordnung des AG und somit ein Fall des § 2 Nr. 6 VOB/B (Zusätzliche Leistungen). Der § 2 Nr. 3 VOB/B scheidet als Anspruchsgrundlage aus, da die geforderte Leistung im Vertrag nicht vorgesehen war.

Wenn sich eine Leistung zwar aus einer vorhandenen und ähnlichen Position entwickeln lässt, kalkulativ aber neu aufgebaut werden muss, entsteht eine Anspruchsgrundlage nach § 2 Nr. 6 VOB/B. In einem derartigen Fall lässt sich mit Hilfe der Urkalkulation der neue Preis nicht mehr entwickeln und es muss völlig neu kalkuliert werden.

Beispielfall 22:
Anstatt aus Kalksandsteinen sollen auf Anordnung des AG die Außenwände eines Gebäudes in Beton ausgeführt werden.
Diese Änderung der Leistung ist eine Zusatzleistung im Sinne von § 2 Nr. 6 VOB/B. Die „neue" Leistung lässt sich nicht aus der Position „Mauerwerk aus Kalksandsteinen" entwickeln. Die Herstellungsweise ist bei einer Betonwand eine grundlegend andere. Dementsprechend verändert sich auch die Kalkulation in erheblichem Maße, so dass sich die neue Leistung (Beton) nicht mehr aus der alten Leistung (Kalksandstein) kalkulativ ermitteln lässt.

Bei einem Fall nach § 2 Nr. 6 genügt die bloße Ankündigung, dass eine geänderte Vergütung verlangt wird. Ein Preisangebot ist trotz des Wortlautes in § 2 Nr. 6 Abs. 2 VOB/B in beiden Fällen (Nr. 5 und Nr. 6) nicht erforderlich. Es sollte jedoch von beiden Vertragspartnern versucht werden, die Preisvereinbarung vor Beginn der Arbeiten zu treffen.

b) Theorien zur Abgrenzung zwischen geänderten Leistungen nach § 2 Nr. 5 VOB/B und zusätzlichen Leistungen nach § 2 Nr. 6 VOB/B

Die Abgrenzung zwischen geänderten und zusätzlichen Leistungen ist oftmals sehr schwierig. Sie muss jedoch aus juristischen Gründen getroffen werden, da der § 2 Nr. 6 VOB/B eine Ankündigung der Mehrvergütung als Anspruchsvoraussetzung nennt.

Zweifellos kann es vorkommen, dass eine Leistung zwar zusätzlich ist und im bisherigen Vertragsinhalt nicht vorgesehen war, aber aufgrund einer ändernden Anordnung entstanden ist. Im vorgenannten Fall ist eine Abgrenzung bereits aufgrund des tatsächlichen Sachverhaltes unklar und deshalb auch in der juristischen Literatur sehr umstritten.

Die unterschiedlichen Meinungen in der Kommentierung zur VOB sowie die uneinheitliche Rechtssprechung lassen keine einwandfreien Lösungsansätze zur Abgrenzung erkennen. Demzufolge scheitern alle

Versuche, einheitliche Regeln zur Abgrenzung zu formulieren, schon an der Uneinigkeit der betreffenden Fachkreise.

Betrachtet man die Sachverhalte aus einer technisch – baubetrieblichen Sichtweise, sind durchaus vernünftige Lösungsansätze in der Literatur zu erkennen. Kapellmann/Schiffers vertreten in ihrer Fachliteratur eine sinnvolle Betrachtungsweise, indem sie mit Hilfe der baubetrieblichen Kalkulationsmethoden eine Lösung versuchen.[75]

Aufzug aus der VOB 2002: § 2 Nr. 5 Satz 1 VOB/B	Auszug aus der VOB 2002: § 2 Nr. 6 Abs. 1 VOB/B
Werden durch Änderung des Bauentwurfs oder anderen Anordnungen des Auftraggebers die Grundlagen des Preises **für eine im Vertrag vorgesehene Leistung** geändert, so ist ein neuer Preis unter Berücksichtigung der Mehr- oder Minderkosten zu vereinbaren.	Wird eine im Vertrag **nicht vorgesehene Leistung gefordert**, so hat der Auftragnehmer Anspruch auf besondere Vergütung. Er muss jedoch den Anspruch dem Auftraggeber ankündigen, bevor er mit der Ausführung der Leistung beginnt.

Dem Wortlaut des § 2 Nr. 5 VOB/B ist zu entnehmen, dass es sich bei der geforderten Leistung um eine Leistung handeln muss, die die Grundlage für eine im Vertrag vorgesehene Leistung ändert. D.h. die Leistung, die aufgrund der Änderung des Bauentwurfs oder einer Anordnung des AG entsteht, muss bereits im Vertrag vorgesehen sein. Demnach kann eine geforderte Leistung, die zwar „anstatt" einer im Vertrag vorgesehenen Leistung an deren Stelle tritt, nicht als im Vertrag vorgesehen gelten, wenn sie nicht in der geforderten Art und Weise im Vertrag vorgesehen ist bzw. aus einer ordnungsgemäßen Kalkulation entwickelt werden kann.

Der § 2 Nr. 6 VOB/B betrifft seinem Wortlaut zufolge die geforderten Leistungen, die im Vertrag bisher nicht vorgesehen waren. Es muss sich also nach der klaren Wortwahl des § 2 Nr. 6 VOB/B um Leistungen handeln, die bisher vom Vertrag bzw. einer ordnungsgemäßen Kalkulation nicht erfasst wurden.

---

[75] Kapellmann/Schiffers, Band 1 – Einheitspreisvertrag, Rdn. 786 ff

Der pauschalen Aussage von Keldungs in Ingenstau/Korbion[76], dass jede Leistung „anstatt" einer anderen Leistung ein Fall von § 2 Nr. 5 VOB/B ist, kann nicht entsprochen werden. Die Unterscheidung ist vielmehr darauf abzustellen, ob eine alte Leistung mit der neuen Leistung so kalkulatorisch vergleichbar ist, dass die Entwicklung des neuen Preises aus dem alten Preis sinnvoll möglich ist. Ist das der Fall, sind erst dann die Voraussetzungen des § 2 Nr. 5 VOB/B erfüllt, dass es sich um eine bereits im Vertrag vorgesehene Leistung handelt. Im Regelfall wird aber eine Leistung „anstatt" ein Fall des § 2 Nr. 5 VOB/B sein, da der Abweichungscharakter schon erheblich sein muss, um zu § 2 Nr. 6 VOB/B zu kommen.

Aus der Sicht des technischen Sachverstandes erscheint es sinnvoll, mit Hilfe von technisch-kalkulatorischen Grundsätzen zwischen geänderten und zusätzlichen Leistungen zu unterscheiden.

Die nachfolgenden Thesen sollen eine Entscheidungshilfe bei der Abgrenzung zwischen geänderten und zusätzlichen Leistungen darstellen. Sie sind der Versuch, die Abgrenzung von der baubetrieblichen Seite zu versuchen. Aus der rechtlichen Sichtweise sind diese Thesen umstritten.

These 1 – Klassische Mengenmehrung auf Anordnung des AG
These:
Eine geforderte Leistung hat sich im Vergleich zur ursprünglich vorgesehenen Leistung nur in der Quantität (Menge) und nicht in der Qualität geändert. Es ist durch die Anordnung keine neue Position notwendig geworden, sondern eine zusätzliche, in qualitativer Hinsicht gleiche Leistung hinzugekommen. Die Anspruchsgrundlage für einen Nachtrag ist daher der § 2 Nr. 6 VOB/B.
Beispiel:
Der Auftraggeber ordnet an, dass der Parkplatz nicht wie ursprünglich geplant 150 m², sondern nun 250 m² groß wird. Bedingt durch die Mehrmengen wird keine andere Arbeitsweise oder ein anderer Geräteeinsatz erforderlich.
Begründung:
Aus dem vorgenannten Sachverhalt entsteht eine bloße Mengenmehrung auf Anordnung des AG und somit ein Fall des § 2 Nr. 6 VOB/B. Die Leistung hat sich nur in der Quantität (Menge) geändert. Die Qualität ist unverändert geblieben. Ebenfalls ist keine Veränderung der Position aufgrund einer anderen Herstellungsweise oder eines anderen Geräteeinsatzes notwendig geworden. Die Leistung, den Parkplatz über die 150 m² hinaus zu pflastern, war im Vertrag nicht vorgesehen. Die Anspruchsgrundlage für einen Nachtrag bei einer bloßen Mengenmehrung ist deshalb eindeutig der **§ 2 Nr. 6 VOB/B**.

---

[76] Ingenstau/Korbion, VOB/B § 2, Rdn. 263 sowie OLG Düsseldorf, BauR 1996, 267

These 2 – Vollständig neuartige Leistung
These:
Eine geforderte Leistung kann nicht aus einer vorhandenen Position entwickelt werden. Das bedeutet, eine vorhandene Position ändert sich nicht. Die zusätzliche Leistung ist neuartig und bisher im Vertrag nicht vorhanden. Aufgrund der zusätzlichen Leistung wird eine neue Position erforderlich. Die Anspruchsgrundlage für einen Nachtrag ist daher der § 2 Nr. 6 VOB/B.
Beispiel:
Der Auftraggeber ordnet nachträglich eine Isolierung für das Mauerwerk an. Diese hatte er im ursprünglichen Leistungsumfang vergessen und entsprechend nicht gefordert.
Begründung:
Aufgrund der nachträglichen Anordnung des AG entsteht eine zusätzliche Leistung. Die Isolierung ist zur Ausführung der vertraglichen Leistung erforderlich, war aber im Vertrag nicht vorgesehen. Die zusätzliche Leistung ist neuartig und kalkulatorisch aus der bisher im Vertrag vorhandenen Leistung nicht ermittelbar. Es wird aufgrund der zusätzlichen Leistung eine neue Position erforderlich. Die Anspruchsgrundlage für eine vollständig neuartige Leistung ist deshalb der **§ 2 Nr. 6 VOB/B.**

These 3 – Änderung einer vorhandenen Leistung in eine vollständig neuartige Leistung
These:
Eine geforderte Leistung ist zwar vom Sinn und Zweck her ähnlich, muss aber kalkulatorisch neu aufgebaut werden. Die Kalkulation der ursprünglichen Leistung kann nicht als Grundlage der Kalkulation für die neue Leistung dienen. In diesem Fall lässt sich aus der Urkalkulation der neue Preis nicht mehr entwickeln und es muss völlig neu kalkuliert werden. Die Anspruchsgrundlage für einen Nachtrag ist daher der § 2 Nr. 6 VOB/B.
Beispiel:
Der Auftraggeber ordnet an, dass eine Treppe nicht wie vorgesehen als Betontreppe, sondern als Holztreppenkonstruktion ausgeführt werden soll.
Begründung:
Die Änderung der Leistung ist eine Zusatzleistung im Sinne des § 2 Nr. 6 VOB/B. Die neue Leistung (Holztreppenkonstruktion) lässt sich nicht aus der alten Leistung (Betontreppe) kalkulatorisch entwickeln. Die Betontreppe ist als konkludent gekündigte Teilleistung zu bewerten. Die Herstellungsweise ist bei einer Holztreppe eine grundlegend andere. Dementsprechend verändert sich auch die Kalkulation in erheblichem Maße, so dass die neue Leistung nicht mehr aus der alten Leistung kalkulatorisch ermitteln werden kann. Es wird eine neue Leistung gefordert, die bisher in dieser Art und Weise im Vertrag nicht vorgesehen war. Als Anspruchsgrundlage für einen Nachtrag dient daher der **§ 2 Nr. 6 VOB/B.**
Würde man im vorgenannten Fall eine Abgrenzung aus rechtlicher Sichtweise versuchen, könnten man zu dem Entschluss gelangen, es läge eine Änderung des Entwurfes vor und die Anspruchsgrundlage wäre deshalb der § 2 Nr. 5 VOB/B. Die aufgestellte These ist deshalb in der Literatur sehr umstritten.

These 4 – Qualitative Änderung einer vorhandenen Leistung
These:
Eine geforderte Leistung ändert sich in der Qualität. Aus einer vertraglichen Teilleistung fällt ein Kalkulationselement weg und anstatt des weggefallenen Elementes kommt ein neues Element hinzu. Es entsteht eine geänderte Leistung. Die Kalkulation der ursprünglichen Leistung kann bei der Kalkulation der neuen Leistung als Grundlage dienen. Es entsteht keine neue Position. Es wird lediglich aus der vorhandenen Position ein Kalkulationselement ausgetauscht. Die Anspruchsgrundlage für einen Nachtrag ist daher der § 2 Nr. 5 VOB/B.
Beispiel:
Auf Anordnung des AG wird ein verzinkter Drahtzaun, wie er ursprünglich im Vertrag vorgesehen war, durch einen kunststoffummantelten Drahtzaun ersetzt.
Begründung:
Diese Anordnung stellt eine Änderung des Bauentwurfs dar und ist die Grundlage für einen Nachtrag nach § 2 Nr. 5 VOB/B. Die ursprüngliche Leistung wird geändert, indem ein Kalkulationselement (im Beispiel das Stoffelement) verändert wird. Die ursprüngliche Kalkulation der Position „verzinkter Drahtzaun" kann als Grundlage zur Kalkulation der Position „kunststoffummantelter Drahtzaun" verwendet werden. Es wird durch die Anordnung des AG keine neue Position erforderlich. Es entsteht eine Leistung, die bereits im Vertrag vorgesehen war und geändert wird. Als Anspruchsgrundlage für einen Nachtrag dient daher der **§ 2 Nr. 5 VOB/B.**

These 5 – Änderung der Bauumstände
These:
Eine geforderte Leistung betrifft die Bauumstände. Die Leistung ist bereits im Vertrag vorgesehen und wird geändert. Es entsteht eine geänderte Leistung aufgrund der Tatsache, dass die Leistungsmerkmale und die Kostenansätze in vergleichbarer Form im Vertrag bereits schon einmal beschrieben sind und als Grundlage zur Nachtragskalkulation dienen können. Die Anspruchsgrundlage für einen Nachtrag ist daher der § 2 Nr. 5 VOB/B.
Beispiel:
Bei einer Straßenbaumaßnahme ändert sich die ursprünglich geplante und vertraglich vereinbarte Verkehrsführung des Baustellenverkehrs. Anstatt mit einer Vollsperrung, wie ursprünglich vereinbart, muss nun die Straßenbaumaßnahme mit einer halbseitigen Sperrung der Straße ausgeführt werden.
Begründung:
Dieser Sachverhalt hat einen Nachtrag nach § 2 Nr. 5 VOB/B zur Folge. Die Leistung ist kalkulatorisch aus der ursprünglichen Leistung ermittelbar. Die Kalkulationsmerkmale bleiben bei der Kalkulation der Kosten für die geänderten Bauumstände die gleichen. Die Leistung war in der Art und Weise bereits im Vertrag vorgesehen und wird aufgrund der vorliegenden Umstände geändert. Es wird aufgrund der Anordnung keine neue Position notwendig. Anspruchsgrundlage bei einem Nachtrag, der die Änderung der Bauumstände betrifft, ist der **§ 2 Nr. 5 VOB/B.**

These 6 – Vermischung der Anspruchsgrundlagen
These:
Eine Leistung ändert sich in der Qualität und es kommt zusätzlich noch zu einer Mengenmehrung. Bei einem derartigen Sachverhalt entsteht eine Vermischung der Anspruchsgrundlagen aus dem § 2 Nr. 5 VOB/B und dem § 2 Nr. 6 VOB/B.
Beispiel:
Auf Anordnung des AG wird ein 400 m langer verzinkter Drahtzaun durch einen kunststoffummantelten Drahtzaun ersetzt. Des Weiteren werden vom AG weitere 200 m Zaun zusätzlich angeordnet.
Begründung:
Die ersten 400 m Zaun sind als eine Leistungsänderung auf der Grundlage des **§ 2 Nr. 5 VOB/B** anzusehen. Die Leistung hat sich in der Qualität geändert, ist aber noch aus der ursprünglichen Kalkulation ermittelbar (siehe These 4). Die restlichen 200 m sind als eine Zusatzleistung gemäß **§ 2 Nr. 6 VOB/B** anzusehen, da es sich um eine im Vertrag nicht vorgesehene Leistung handelt. Die ursprünglich im Vertrag vorgesehenen 400 m Zaum sind bereits vollständig aufgebraucht. Aus dem vorgenannten Beispielfall ergibt sich eine **Vermischung der Anspruchsgrundlagen.**

Maßgebendes Unterscheidungskriterium bei der Abgrenzung zwischen § 2 Nr. 5 VOB/B und § 2 Nr. 6 VOB/B sind die Kalkulationsgrundsätze. Die entscheidende Frage ist, ob die Grundlagen der Kalkulation der ursprünglichen Leistung zur Ermittlung der neuen Leistung dienen kann. Ändert sich beispielsweise das Produktionsverfahren[77], kann nicht mehr von „gleichen" Kalkulationsgrundlagen gesprochen werden. Die neue Leistung ist in der geänderten Form im Vertrag nicht vorgesehen und muss deshalb ein Fall des § 2 Nr. 6 VOB/B sein. Es können daher folgende Grundsätze zur Abgrenzung zwischen geänderten und zusätzlichen Leistungen angewendet werden.

Grundsatz 1: Muss eine Leistung grundlegend neu kalkuliert werden und können die Kalkulationsgrundlagen der geänderten Leistung nicht bei der Kalkulation der neuen Preise verwendet werden, muss stets von einem Fall nach dem **§ 2 Nr. 6 VOB/B** ausgegangen werden.

Grundsatz 2: Lässt sich eine Leistung technisch-kalkulatorisch aus einer schon vorhandenen Leistung entwickeln, dient der **§ 2 Nr. 5 VOB/B** als Anspruchsgrundlage.

---

[77] vgl. These 3 - Änderung einer vorhandenen Leistung in eine vollständig neuartige Leistung

Die Grenze, ob eine geforderte Leistung aus der Kalkulation der ursprünglichen Leistung kalkulatorisch ermittelt werden kann oder ob die neue Leistung aus Sicht der Kalkulation völlig neu aufgebaut werden muss, kann letztendlich nicht genau bestimmt werden. Es obliegt der Prüfung des Einzelfalls, ob eine neue Position aus einer vorhandenen Position kalkulatorisch ermittelt werden kann. Im Zweifelsfall bleibt die Entscheidung dem Gericht bzw. einem Sachverständigen überlassen.

Beispielfall 23:
In einem Leistungsverzeichnis ist das Wiederherstellen einer Straßendecke in Rohrgrabenbreite ausgeschrieben. Diese Leistung wird dann erweitert, indem angeordnet wird, die Straßendecke in ganzer Straßenbreite zu erneuern.

Dieser Fall ist umstritten: Es entsteht eine neue Leistung auf der Basis des § 2 Nr. 6 VOB/B, wenn keine Veränderung in der Position nötig wird. D.h. die Herstellweise und das Produktionsverfahren für die Erstellung der Straßendecke ändert sich nicht. Es entsteht eine zusätzliche Leistung durch die Herstellung der Straßendecke über die ganze Straßenbreite. Die Leistung wurde angeordnet und steht unmittelbar mit der vertraglichen Leistung im Zusammenhang. Die inhaltlich an sich gleiche Leistung wird in ihrem Umfang erweitert. Es entsteht eine bloße Mehrmenge.

In der Praxis würde sich der vorgenannte Fall oftmals anders entscheiden, weil sehr wahrscheinlich zur Herstellung der Straßendecke über die gesamte Straßenbreite ein anderer Geräteeinsatz bzw. eine andere Herstellweise gewählt würde. Die Position müsste dann in ihrem Inhalt geändert werden. Wäre dies der Fall, dient der § 2 Nr. 5 VOB/B als Anspruchsgrundlage für einen Nachtrag.

Die baurechtliche Praxis zeigt, dass es hinsichtlich der Abgrenzung zwischen den §§ 2 Nr. 5 und Nr. 6 VOB/B immer unterschiedliche Meinungen geben wird. Die vorgenannten Thesen und Grundsätze bieten daher lediglich eine Entscheidungshilfe bei der Abgrenzung. Ein AN wird bei einer vergessenen Ankündigung vor Beginn der Arbeiten immer versuchen, aus einer eigentlich zusätzlichen Leistung nach § 2 Nr. 6 VOB/B eine geänderte Leistung nach § 2 Nr. 5 VOB/B herzuleiten.

> Es ist den Vertragspartnern daher zu empfehlen, unabhängig davon, ob eine geänderte oder zusätzliche Leistung vorliegt, stets die Vergütungsänderung vor Beginn der Arbeiten anzumelden.

2.6 Preisänderung beim Pauschalvertrag nach § 2 Nr. 7 VOB/B

---

§ 2 Nr. 7 VOB/B (Auszug aus der VOB 2002)

(1)   Ist als Vergütung der Leistung eine Pauschalsumme vereinbart, so bleibt die Vergütung unverändert. Weicht jedoch die ausgeführte Leistung von der vertraglich vorgesehenen Leistung so erheblich ab, dass ein Festhalten an der Pauschalsumme nicht zumutbar ist (§ 242 BGB), so ist auf Verlangen ein Ausgleich unter Berücksichtigung der Mehr- oder Minderkosten zu gewähren. Für die Bemessung   des Ausgleichs ist von den Grundlagen der Preisermittlung auszugehen. Die Nummern 4, 5 und 6 bleiben unberührt.

(2) Wenn nichts anderes vereinbart ist, gilt Absatz 1 auch für Pauschalsummen, die für Teile der Leistung vereinbart sind; Nummer 3 Abs. 4 bleibt unberührt.

---

a) Grundsätzliches zum Pauschalvertrag

Die Besonderheit bei einem Bauvertrag als Pauschalvertrag ist, dass die geschuldete Leistung mit einem Festpreis, einer so genannten Pauschalen, vergütet wird. Die Vergütung bleibt, unabhängig von der ausgeführten Leistung, unverändert und ist im Vorfeld von den Vertragspartnern endgültig zu bestimmen. An diesen Pauschalpreis sind AN und AG gebunden.

Das Bausoll bei einem Pauschalvertrag wird von der Leistungsbeschreibung und ggf. den Vordersätzen beschrieben. Des Weiteren wird die Leistung auch durch die Regelung des § 2 Nr. 1 VOB/B und den darin enthaltenen Bestandteilen bestimmt. Auf der Grundlage der beschriebenen Leistung wird die Vergütung als Pauschalsumme kalkuliert.

Die tatsächlichen Leistungsmengen bleiben bei der Abrechnung unberücksichtigt. Das Mengenrisiko liegt bei einem Pauschalvertrag grundsätzlich beim AN. Die in der Leistungsbeschreibung vorgesehenen Vordersätze verlieren somit ihren Stellenwert und dienen daher nur zu Kalkulationszwecken. Die beschriebene Leistung ist mit dem Pauschalpreis abgeholt, unabhängig von den tatsächlich ausgeführten Mengen. Der § 2 Nr. 3 VOB/B ist daher bei einem Pauschalvertrag nicht anwendbar.[78] Voraussetzung hierfür ist, dass der Vertragsinhalt ausreichend genau

---

[78] OLG Hamburg, BB 1970, 688

beschrieben ist. Ist die Leistung unzureichend beschrieben, kann das Festhalten an der Pauschale unzumutbar sein und die Vergütung kann sich ändern. Dies obliegt jedoch einer Prüfung im Einzelfall, da eigentlich der AN Ungereimtheiten in der Ausschreibung vor Angebotsabgabe klären muss. Ist die Höhe der Vergütung aufgrund einer mangelhaften Leistungsbeschreibung nicht abschätzbar, verstößt dies gegen den Grundsatz von Treu und Glauben.

Der Pauschalpreis bleibt in jedem Fall unantastbar, wenn der AN sich bei der Kalkulation vertan hat. Dies trifft im besonderen Maße auf die Mengen der tatsächlichen Leistung zu. Wenn der AN diese Mengen bei sachgerechter Prüfung hinreichend aus den Unterlagen hätte erkennen können, ändert sich grundsätzlich die Pauschale nicht. Ermittelt der AN also die Pauschale mit einer „überschlägigen Kalkulation", ohne die Massen genau zu ermitteln, bleibt es bei der vereinbarten Vergütung. Gleiches trifft zu, wenn der AN bewusst lückenhafte Ausschreibungen hinnimmt und spekulativ kalkuliert. Der AN muss also seine Kalkulation sehr gewissenhaft durchführen, bevor er sich auf eine Pauschalpreisvereinbarung einlässt. Eine Irrtumsanfechtung nach § 119 BGB kommt bei einer „überschlägigen Kalkulation" nicht in Betracht.

Der AN hat die vereinbarte Pauschale grundsätzlich immer verdient, wenn er die vertraglich geschuldete Leistung erbracht hat. Mit welchem Aufwand er zum Erfolg kommt, ob mehr oder weniger als ursprünglich veranschlagt, spielt keine Rolle, sofern nichts Anderslautendes vertraglich vereinbart wurde.[79]

Die Unterscheidung nach *Detailpauschalvertrag und Global-pauschalvertrag* spielt bei der Frage von Änderungen der Vergütung bei Pauschalverträgen eine große Rolle.

Der Detailpauschalvertrag gibt die Leistung eindeutig vor. Der AN hat bei dieser Vertragsform nur das Mengenrisiko zu tragen, nicht jedoch das Vollständigkeitsrisiko des Leistungsinhaltes.

Anders stellt sich der Sachverhalt beim Globalpauschalvertrag dar. Die Kalkulation beruht nur auf einer Beschreibung der Leistung in „globaler Form". Bei diesem Vertragstyp trägt der AN das Risiko der Unrichtigkeit

---

[79] BGH, VersR 1965, 551

oder Unvollständigkeit der Planung, der Leistungsermittlung und/oder der Leistungsbeschreibung.[80] Es kommt auch nicht einmal darauf an, ob der AN den Vertragsumfang zuverlässig kalkulieren kann. Konkretisiert der AG im Laufe eines Bauvorhabens die Leistung und ändert sie nicht ab, kann der AN keine Mehrvergütung verlangen. Wenn der AN die angeblich zusätzliche Leistung dem AG schon vom Vertrag her schuldet, um ihm ein „funktionierendes Werk" herzustellen, entsteht kein Mehrvergütungsanspruch.

Je detaillierter die Leistung beschrieben ist, desto geringer ist der Spielraum des AG, sich auf diesen Sachverhalt zu berufen.

Die Unterscheidung der verschiedenen Vertragstypen ist deshalb bei der Beurteilung von Nachträgen immer entscheidend für den Mehrvergütungsanspruch.

b) Änderung des Pauschalpreises

Auch bei einem Pauschalpreis gilt der Grundsatz: Ändert sich das „Bausoll" zum „Bauist", ist das die Grundlage für die Änderung der Vergütung. Der § 2 Nr. 7 VOB/B nennt in Absatz 1 zwei Fälle, bei denen sich grundsätzlich die Vergütung ändern kann. Zum einen ist dies der Fall, wenn die ausgeführte Leistung von der vertraglichen Leistung so erheblich abweicht, dass ein Festhalten an der Pauschalsumme nicht zumutbar ist. Man spricht hier auch vom *Wegfall der Geschäftsgrundlage*. Zum anderen geht aus dem Absatz 1 Satz 4 hervor, dass die Fälle der *§§ 2 Nr. 4, Nr. 5 und Nr. 6 unberührt bleiben*. Das bedeutet, dass diese Paragrafen auch bei der Vereinbarung eines Pauschalvertrages angewendet werden können.

Letztere Regelung findet in der Praxis häufiger Anwendung. Bei einer Vielzahl von Bauvorhaben entstehen im Laufe der Bauphase Änderungen der Leistung. Dies ist ein natürlicher Vorgang, bei dem es aber genauso natürlich ist, dass die Änderungen dem AN vergütet werden müssen. Aus diesem Grund bestimmt die VOB die Anwendbarkeit der §§ 2 Nr. 4, Nr. 5, Nr. 6 VOB/B auch bei einem Pauschalvertrag.

Die Regelungen aus § 2 Nr. 8 und Nr. 9 VOB/B bleiben, auch ohne besondere Erwähnung, bei Pauschalvertrag ebenfalls anwendbar.

---

[80] BGH, BauR 1997, 464 (Mauerwerksöffnungs-Fall)

aa) Teilkündigung durch den AG (§ 2 Nr. 4 VOB/B)

Bei einer Teilkündigung des AG nach den Bestimmungen des § 2 Nr. 4 VOB/B muss eine Aufspaltung des Pauschalpreises erfolgen. Dies hat ggf. durch einen Sachverständigen zu erfolgen. Grundsatz hierbei ist, dass die erbrachte Leistung nach den sie betreffenden Preisgrundlagen abgerechnet werden muss. Die Bestimmungen des § 2 Nr. 4 finden im Allgemeinen immer unter gleichen Voraussetzungen statt, wie es auch bei einer anderen Vertragsform der Fall wäre.[81]

Es ist aber durchaus möglich, dass die Vertragspartner einverständlich eine Vereinbarung treffen, die eine Minderung der Leistung nach sich zieht. In diesen Fällen würde der § 2 Nr. 4 keine Anwendung finden. Die Vertragspartner müssten bei einem derartigen Vorgang auch die Vergütungsansprüche entsprechend mindern. Kommt hingegen keine Einigung zustande, hat der AN Anspruch auf die volle Vergütung abzüglich der ersparten Aufwendungen. Der bisherige Pauschalpreis müsste dann unter den vorgenannten Gesichtspunkten neu berechnet werden.

bb) Änderung der Leistung (§ 2 Nr. 5 VOB/B)

Ändert der AG die ursprünglich vereinbarte Leistung, kommt es auch bei einem Pauschalvertrag zu dem Anspruch auf die Veränderung der Vergütung. Der § 2 Nr. 5 VOB/B bleibt unberührt und findet seine volle und uneingeschränkte Anwendung. Die Veränderungen müssen jedoch so wesentlich sein, dass sich die auf der Basis des Leistungsvertrages zu beurteilenden Preisermittlungsgrundlagen geändert haben.[82]

Der Unterschied zum Einheitspreisvertrag, bei dem es auf die Veränderung der Preisermittlungsgrundlage der einzelnen Position ankommt, ist, dass es beim Pauschalpreisvertrag um die Preisermittlungsgrundlage der gesamten vorgesehenen Leistung geht. Der Pauschalpreis ist von einzelnen Leistungsansätzen losgelöst, so dass der vereinbarte Gesamtpreis dem neuen Gesamtpreis gegenübergestellt werden muss. Es muss also bei Veränderung der Leistung ein neuer Pauschalpreis unter Berücksichtigung der Mehr- oder Minderkosten gebildet werden.

---

[81] OLG Frankfurt, NJW-RR 1986, 572
[82] Vygen, BauR 1979, 375

cc) Zusätzliche Leistungen (§ 2 Nr. 6 VOB/B)

Ferner kommt eine Änderung des Pauschalpreises auch dann in Betracht, wenn sich zusätzliche Leistungen nach § 2 Nr. 6 VOB/B ergeben. Die Pauschale umfasst nur den bisher vereinbarten konkreten Leistungsinhalt.[83] Der BGH hat entschieden, dass jede Zusatzleistung vergütungspflichtig ist.[84] Kommt es also im Einvernehmen mit dem Bauherrn zu zusätzlichen Leistungen, die vom vereinbarten Vertragsumfang nicht erfasst werden, kann der § 2 Nr. 6 angewendet werden. Das Vorhandensein von Zusatzleistungen wird auch nicht damit ausgeschlossen, dass im Vertrag eine „fix und fertige Leistung" bestellt wird.[85]

Die zusätzliche Vergütung wird auf der Grundlage der Preisermittlung für die Pauschale und der besonderen Kosten der zusätzlichen Leistung bestimmt. Der Pauschalpreis bleibt unverändert. Selbstverständlich gilt bei einer zusätzlichen Leistung, die im Zuge eines Pauschalvertrages entsteht, ebenso die Ankündigungspflicht vor Beginn der Ausführung der Zusatzleistung.

Wünscht der AG zusätzliche Leistungen, die nicht notwendig zur Erfüllung der geschuldeten Leistung sind, kann der AN diese so genannten Sonderwünsche frei kalkulieren. Er ist nicht an die Preisermittlungsgrundlagen des ursprünglichen Vertrages gebunden. Er ist ebenso nicht verpflichtet die Zusatzleistungen auszuführen.

dd) Erhebliche Mengenabweichungen

Sollten die vorgenannten Möglichkeiten der Anpassung der Vergütung nicht anwendbar sein, kann der Pauschalpreis auch gemäß § 2 Nr. 7 Abs. 1 Satz 2 VOB/B angepasst werden, wenn die ausgeführte Leistung von der vertraglich vereinbarten Leistung so erheblich abweicht, dass ein Festhalten an der Pauschale für einen der Vertragspartner unzumutbar erscheint. Diese Regelung stützt sich auf den § 242 BGB, also von Treu und Glauben in Form von Änderung bzw. Wegfall der Geschäftsgrundlage, immer ohne einen Eingriff des AG. An eine derartige Anspruchsgrundlage werden jedoch sehr hohe Anforderungen gestellt.[86]

---

[83] BGH, BauR 1971, 124
[84] BGH, BauR 1995, 237
[85] BGH, n.v.
[86] Vygen, BauR 1979, 375

Im Fall der Änderung der Vergütung auf der Grundlage von Treu und Glauben[87] muss sich das Verhältnis zwischen Leistung und Gegenleistung objektiv für einen Vertragspartner ganz erheblich verschlechtern. Der BGH hat entschieden, dass eine Kostensteigerung oder eine Massensteigerung um 20 % bezogen auf den Gesamtpauschalpreis noch im vertraglichen Risikobereich liegen.[88]

Entscheidend ist der Hinweis, dass sich der gesamte Pauschalpreis um mehr als 20 % erhöht haben muss. Wenn nur bei einzelnen Positionen eine Erhöhung um beispielsweise 30 - 40 % festzustellen ist, der Gesamtpreis sich aber nur um 10 % verändert, ist eine Veränderung der Vergütung nicht zu erreichen.

Anders stellt sich der Sachverhalt dar, wenn sich eine einzelne Position um beispielsweise 100 % ändert. Eine Anpassung der Vergütung könnte dann auch zumutbar sein, wenn sich der Gesamtpreis nur um mehr als 10 % erhöht.[89]

Für die Praxis ist festzuhalten, dass die Anpassung der Vergütung aufgrund des § 242 BGB, Treu und Glauben, grundsätzlich erst ab einer Gesamtpreiserhöhung von mehr als 20 % diskutabel wird. Entscheidend ist jedoch, wie in vielen Fällen, die Betrachtung des Einzelfalls.

c) Änderung des Pauschalpreises für Teile der Leistung

Die Regelung in § 2 Nr. 7 Abs. 2 VOB/B erfasst die Fälle, in denen nur Teile einer Leistung mit einer Pauschale vergütet werden. Dies könnte beispielsweise die Einrichtung der Baustelle als Pauschalpreisposition sein. Der § 2 Nr. 7 Abs. 2 verweist auf den § 2 Nr. 3 Abs. 4, der diesen Sachverhalt, wie bereits in Kapitel 2.1 erläutert, regelt.

Die Vermischung der Einheitspreis- und Pauschalpreispositionen kommt häufig vor. Die Pauschalpreispositionen in derartigen Mischverträgen sind aber aufgrund der Regelung im § 2 Nr. 7 Abs. 2 analog zu den Regeln für die Änderungen eines Gesamtpauschalpreises zu behandeln.

---

[87] § 242 BGB
[88] BGH, BauR 1996, 250
[89] OLG Frankfurt, NJW-RR 1986, 572

d) Berechnung der Vergütung

Durch den Verweis in § 2 Nr. 7 Abs. 1 VOB/B auf die Grundlagen der Preisermittlung des ursprünglichen Vertrages ist eindeutig geregelt, wie die Vergütungsänderung zu berechnen ist.

Die Ermittlung erfolgt analog zu den Preisermittlungsmethoden bei Vergütungsänderungen, wie sie bereits in den Kapiteln 2.3 und 2.4 zu den §§ 2 Nr. 5 und Nr. 6 VOB/B erläutert wurden. Beim Pauschalpreis erschwert sich dies jedoch, weil unter Umständen die Kalkulation nicht auf der Grundlage eines detaillierten Leistungsverzeichnisses, sondern mit Hilfe von Plänen oder einer funktionalen Leistungsbeschreibung erfolgt ist.

Bei einem Detailpauschalvertrag (Grundlage ist eine detaillierte Leistungsbeschreibung) ist es relativ leicht, die Mehr- oder Minderkosten zu berechnen. Dies ist mit Hilfe der kalkulierten Einheitspreise möglich.

Beim Globalpauschalvertrag (Grundlage ist eine funktionale Leistungsbeschreibung) gestaltet sich die Preisermittlung von Vergütungsänderungen schwieriger. Im Einzelfall kommt es darauf an, wie genau die Leistung kalkuliert wurde. In Streitfällen ist es oftmals unumgänglich, einen Sachverständigen einzuschalten. Der AN muss die Angebotskalkulation offen legen, damit eine Nachtragsforderung für den AG prüfbar wird. Gegebenenfalls hat der AN eine aufschlüsselnde Kalkulation für die Einzelleistung zu erstellen.[90]

In der Praxis werden Nachträge bei Pauschalverträgen häufig mit Hilfe von Einheitspreis- oder Pauschalpreispositionen abgerechnet. Oftmals fordert der AG den AN auch zur Abgabe eines Angebotes für die Nachtragsleistung auf. Somit ist der AN nicht an die Kalkulation des Hauptauftrages gebunden.

Oft werden Nachträge bei Pauschalverträgen auch vereinbart, indem der AG den AN auffordert, ein Angebot für die Nachtragsleistung abzugeben. Somit ist der AN nicht an die Kalkulation des Hauptauftrages gebunden und kann frei kalkulieren. Die vereinbarten Grundlagen der Kalkulation des Hauptauftrages, wie beispielsweise ein Nachlass, müssen bei dieser Vorgehensweise nicht berücksichtigt werden.

---

[90] BGH, BauR 1997, 304

e) Bauvertragsklauseln

Bei den Pauschalpreisvereinbarungen wird häufig versucht, Nachforderungen jeglicher Art auszuschließen. Dies verstößt eindeutig gegen die Allgemeinen Grundsätze des Werkvertragsrechtes.

Beispielfall 24:
In den zusätzlichen Vertragsbedingungen zu einem Bauvorhaben steht folgende Klausel:
„Die Vereinbarung des Pauschalpreises schließt Nachforderungen wegen Mehr- und Minderleistungen aus."
Diese Klausel ist unwirksam und verstößt gegen den Grundsatz von Treu und Glauben. Selbst wenn es sich hier um eine „individuelle" Klausel[91] handelt, ist sie ungültig. Mit Treu und Glauben ist es nicht vereinbar, wenn verlangte Zusatzleistungen, die dem AN einen erheblichen Mehraufwand bereiten, entgegen dem gesetzlichen Grundgedanken des § 632 Abs. 1 BGB ohne Vergütungsanspruch bleiben sollen.[92]

Auch so genannte „Vollständigkeitsklauseln", wie man sie häufig in Pauschalverträgen findet, sind abhängig von der Unterscheidung in Detail- und Globalpauschalvertrag.

Eine Vertragsklausel, die eine „fix und fertige Leistung" fordert, widerspricht dem Wesen des Detailpauschalvertrages. Diese Vertragsform zeichnet sich dadurch aus, dass die Leistung „detailliert" erfasst wird. Eine Zusatzleistung ist daher in jedem Fall vergütungspflichtig. Eine solche Vertragsklausel wäre gemäß der §§ 305 ff BGB[93] unwirksam.

Anders liegt der Fall, wenn einer Baumaßnahme ein Globalpauschalvertrag zugrunde liegt. Der AN hat bei Vertragsschluss in Kauf genommen, dass die Leistung nur in ihrem Leistungsziel beschrieben ist. Wird eine zusätzliche Leistung im Rahmen der Erfüllung für dieses Leistungsziel notwendig, ist sie nicht vergütungspflichtig. Eine derartige Klausel ist bei einem Globalpauschalvertrag wirksam.

---

[91] vgl. Kapitel 1.2 – f) Vertragsklauseln im Sinne der §§ 305 bis 310 BGB
[92] OLG Oldenburg, BauR 1993, 228
[93] ehemals AGB - Gesetz

82

f) Darlegungs- und Beweislast

Die Frage nach der Darlegungs- und Beweislast beim § 2 Nr. 7 VOB/B ist sehr umstritten. Nach einer Entscheidung des Bundesgerichtshofes trägt der AN bei einem unklaren Pauschalvertrag die Beweislast dafür, dass die strittige Leistung nicht vom Pauschalpreis erfasst wird.[94] Wiederum andere Urteile der Rechtssprechung geben dem AG die Darlegungs- und Beweislast mit der Begründung, er müsse dem AN nachweisen, dass alle tatsächlich erbrachten Leistungen mit der Pauschale vergütet sind.[95]

Ein entscheidender Faktor ist die Frage, ob die Leistung lückenhaft oder unklar beschrieben ist. Ist dies der Fall, ist es nicht nachzuvollziehen, dass der AN das Risiko eines Pauschalpreises mit unklarer Ausschreibung trägt bei einer Ausschreibung, die er nicht selbst erstellt hat. Der § 9 VOB/A verpflichtet den AG zur vollständigen und eindeutigen Leistungsbeschreibung. Es wäre deshalb sinnvoll, die Beweislast demjenigen zu überlassen, der die Leistung beschrieben hat. Das ist in den meisten Fällen der AG.

Abschließend ist jedoch zur Darlegungs- und Beweislast keine eindeutige Regelung erkennbar. Es ist daher für alle Beteiligten empfehlenswert, die Kooperationspflichten unter Vertragspartnern ernst zu nehmen und das Problem gemeinsam zu lösen.

---

[94] BHG, BauR 1988, 501
[95] OLG Düsseldorf, BauR 1991, 774

2.7 Nicht bestellte Leistungen nach § 2 Nr. 8 VOB/B

---

§ 2 Nr. 8 VOB/B (Auszug aus der VOB 2002)

(1) Leistungen, die der Auftragnehmer ohne Auftrag oder unter eigenmächtiger Abweichung vom Auftrag ausführt, werden nicht vergütet. Der Auftragnehmer hat sie auf Verlangen innerhalb einer angemessenen Frist zu beseitigen; sonst kann es auf seine Kosten geschehen. Er haftet außerdem für andere Schäden, die dem Auftraggeber hieraus entstehen.

(2) Eine Vergütung steht dem Auftragnehmer jedoch zu, wenn der Auftraggeber solche Leistungen nachträglich anerkennt. Eine Vergütung steht ihm auch zu, wenn die Leistungen für die Erfüllung des Vertrags notwendig waren, dem mutmaßlichen Willen des Auftraggebers entsprachen und ihm unverzüglich angezeigt wurden. Soweit dem Auftragnehmer eine Vergütung zusteht, gelten die Berechnungsgrundlagen für geänderte oder zusätzliche Leistungen der Nummer 5 oder 6 entsprechend.

(3) Die Vorschriften des BGB über die Geschäftsführung ohne Auftrag (§§ 677 ff. BGB) bleiben unberührt.

---

a) Eigenmächtige Abweichungen vom Vertrag

Der § 2 Nr. 8 VOB/B befasst sich mit Leistungen, die der AN ohne Verlangen des AG ausführt. Es handelt sich dabei um Leistungen, die nicht von den im Vertrag vereinbarten Leistungspflichten erfasst werden. Der AN führt diese Leistungen aus eigenem Antrieb und ohne einen Auftrag aus. Der § 2 Nr. 8 befasst sich also mit Leistungen, die bisher vom Vertrag nicht erfasst wurden. Derartige Leistungen sind grundsätzlich nicht vergütungspflichtig. Vielmehr hat der AN auf Verlangen des AG diese Leistungen zu beseitigen. Die Beseitigung der vertragswidrigen Leistung muss innerhalb einer angemessenen Frist erfolgen. Der AN ist für eventuelle Schäden haftbar. Dieser Grundsatz leitet sich aus dem allgemeinen Rechtsgrundsatz ab, dass niemand einem anderen eine Leistung aufdrängen darf, die dieser nicht gewollt hat.

Für die Praxis ist in diesem Fall wichtig, die Vollmacht des Architekten genau zu kennen. Der Architekt ist grundsätzlich nicht befugt, Änderungen des Entwurfes anzuordnen. Es entsteht bei Ausführung der Anordnung des unbefugt anordnenden Architekten ein Fall von § 2 Nr. 8, wenn der Architekt nicht die entsprechende Bevollmächtigung durch den AG hat.

Bei den eigenständigen Änderungen durch den AN unterscheidet man zwei Gruppen von Abweichungen der vereinbarten Leistung:

> Zum einen eine Veränderung der Leistung in quantitativer Hinsicht ohne Auftrag. Im Falle der Abänderung in quantitativer Hinsicht („zusätzliche Leistung") betrifft dies eine Leistung ohne Auftrag, die weder im Vertrag verlangt noch vom AG oder einem Erfüllungsgehilfen angeordnet wurde.

Beispielfall 25:
Anstatt der vertraglich vereinbarten drei Stockwerke erstellt der Rohbauunternehmer ohne Anordnung des AG fünf Stockwerke und verlangt dafür eine zusätzliche Vergütung.

Die zusätzlichen Stockwerke stellen eine Veränderung in quantitativer Hinsicht dar. Der Fall des § 2 Nr. 8 VOB/B findet hier seine Anwendung. Der Rohbauunternehmer muss die zwei zusätzlichen Stockwerke zurückbauen und für den entstandenen Schaden aufkommen. Der ohne Auftrag erbrachte Leistungsteil wird nicht vergütet.

> Die zweite Gruppe stellt eine eigenermächtigte Abweichung der Leistung zur vertraglichen Leistung in qualitativer Hinsicht dar. Hier kommt es auf die Qualität der vereinbarten Leistung an. Es muss sich um beachtliche Veränderungen in der Qualität handeln und nicht um Geringfügigkeiten.

Beispielfall 26:
Ein Auftragnehmer erstellt ein Dach nicht, wie ursprünglich vereinbart, mit einer Dachdeckung aus Schiefer. Statt mit Schiefer deckt er das Dach mit Tondachziegeln ein. Er ändert, ohne Wissen und Anordnung des AG, die Qualität der Leistung.

Dies wäre ein Fall des § 2 Nr. 8. Dem AN stünde keine Vergütung für die erbrachte Leistung zu. Es sein denn, der AG erkennt die Leistung nachträglich an und besteht nicht auf die Beseitigung der vertragswidrigen Leistung.

Wenn der AN eigenmächtig die Qualität der Baustoffe verändert, hat er keinen Anspruch auf Vergütung der Leistung. Dies kann der Fall sein, wenn der AN bestimmte geringer- oder höherwertige Materialien verwendet. Wo genau die Grenze zwischen beachtlichen und unbeachtlichen

Veränderungen liegt, ist nur schwer zu erfassen. Die Art des Bauwerkes und die Interessenlage des AG spielen dabei eine große Rolle. Für die Praxis muss der Grundsatz gelten, den Rahmen der möglichen Abweichungen als sehr eng anzusehen. Ebenfalls ist es wichtig, die vertraglich zugesicherten Eigenschaften zu erreichen. Die Leistung ist bei einer Abweichung zu den vertraglich zugesicherten Eigenschaften als mangelhaft anzusehen. Neben den Verpflichtungen zur Beseitigung der Leistung und zur Zahlung des Schadensersatzes kann auch noch der § 4 Nr. 7 VOB/B zum Tragen kommen, der bei einer endgültigen Verweigerung der Beseitigung die Kündigung des Vertrages ermöglicht.

Die vom Vertrag abweichende Leistung wird nicht vergütet. Beim Einheitspreisvertrag ist dies unproblematisch. Hier fällt die jeweilige geänderte Position einfach weg. Beim Pauschalpreis muss die Pauschale gekürzt werden. Die Höhe der Vergütungskürzung ergibt sich aus der vertraglich vereinbarten Pauschale für die jeweilige Leistung abzüglich des Wertes der eigenmächtig geänderten Leistung.

b) Beseitigung der nicht bestellten Leistung

Der § 2 Nr. 8 Absatz 1 Satz 2 bürdet dem AN eine Beseitigungspflicht auf, die durch sein vertragswidriges Verhalten entsteht. Der AN erhält nicht nur für die erbrachte und vermeintlich falsche Leistung keine Vergütung, er hat auch noch die Kosten der Beseitigung zu tragen.

Die Entscheidungspflicht, ob eine vertragswidrige Leistung beseitigt werden muss, liegt eindeutig beim AG. Er kann selbst entscheiden, ob er die erbrachte Leistung nachträglich anerkennt oder sie beseitigt haben will. Die Interessen des AN bleiben unberücksichtigt. Allein das bloße „Behalten" der Leistung durch den AG stellt keinen Vergütungsanspruch für den AN dar.

Besteht der AG auf der Beseitigung der Leistung, muss dies durch eine eindeutige Willenserklärung geschehen. Hierbei spielt es keine Rolle, ob die Leistung abgeschlossen ist oder sich in der Erstellungsphase befindet. Es ist daher für den AG ratsam, diese Willenserklärung schriftlich abzugeben. In dieser Aufforderung zur Beseitigung muss eine angemessene Frist genannt werden. Ebenso sollte die Aufforderung klarstellen, dass bei Nichtbefolgung durch den AN der AG von seinem

Recht Gebrauch macht, die vertragswidrige Leistung selbst zu beseitigen. Für die Fristbestimmung gelten die allgemeinen Regeln des BGB.[96] Bei der Festlegung einer angemessenen Frist sind nicht nur die Belange des AN maßgebend, sondern vorrangig die Interessen des AG. Oftmals ist es aber auch im Sinne des AN, die Frist kurz zu bemessen, da bei einer eventuellen Behinderung des Weiteren Bauablaufes horrende Kosten entstehen können.

c) Schadensersatzansprüche und Ersatzvornahme

Zusätzlich zu den Kosten der Beseitigung von vertragswidrigen Leistungen haftet der AN noch für Schäden, die dem AG durch sein vertragswidriges Verhalten entstehen. Es handelt sich bei den vorgenannten Schäden nicht nur um die direkte und unmittelbare Beschädigungen oder die Kosten der Beseitigungsleistung für diese Schäden, sondern vielmehr sind auch solche Schäden gemeint, die einen Nachteil für den AG mit sich bringen.

Der Schadenersatz steht in Konkurrenz zu dem § 4 Nr. 7 VOB/B, der ebenfalls bei einer vertragswidrigen Leistung vor Abnahme diese Konsequenzen beschreibt.

Kommt der AN der Aufforderung zur Beseitigung der vertragswidrigen Leistung innerhalb der gesetzten und angemessenen Frist nicht nach, hat der AG ein Anrecht auf die Durchführung einer Ersatzvornahme. Er kann ohne eine weitere Fristsetzung die Beseitigung der Leistung selbst durchführen bzw. durch einen Dritten vornehmen lassen.

d) Nachträglich anerkannter Vergütungsanspruch

Der fehlende Vergütungsanspruch, die Beseitigung der Leistung und der Schadensersatz können außer Betracht bleiben, wenn der AN die vertragswidrige Leistung nachträglich anerkennt. Diese Möglichkeit ergibt sich aus dem § 2 Nr. 8 Abs. 2 VOB/B. Ebenfalls ist dies der Fall, wenn eine Leistung für die Erfüllung des Vertrages notwendig war, dem mutmaßlichen Willen des AG entsprach und die Leistung unverzüglich vor Beginn der Leistung angezeigt wurde.

Die nachträgliche Anerkenntnis kann schon nach Beginn der Leistung erfolgen. Die Fertigstellung muss nicht abgewartet werden. Wichtig ist,

---

[96] §§ 186 ff. BGB

dass die Anerkenntnis des AG klar und eindeutig, am besten in schriftlicher Form, erfolgt. Letztlich ist auch ein „schlüssiges Verhalten" als Anerkenntnis anzusehen. Die Leistung gilt auch dann als anerkannt, wenn der AG die Schlussrechnung begleicht. Eine Abschlagszahlung kann nicht als Anerkennung gewertet werden. Ein gemeinsames Aufmaß genügt ebenfalls nicht als Anerkenntnis. Das Aufmaß dient nur zur Feststellung der tatsächlich erbrachten Leistung.

Erkennt der AG nachträglich eine eigentlich vertragswidrige Leistung an, steht dem AN eine angemessene Vergütung zu. Hier verweist der § 2 Nr. 8 VOB/B auf die Berechnungsgrundlagen, wie sie auch beim § 2 Nr. 5 und beim § 2 Nr. 6 VOB/B angewendet werden. Auf diesen Berechnungsgrundlagen muss auch eine Vergütungsberechnung für Leistung nach dem § 2 Nr. 8 VOB/B aufbauen.

Sobald die Anerkenntnis des AG vorhanden und die Vergütung geregelt ist, fallen auch die Beseitigungs- und Schadensersatzansprüche weg. Der AG sollte sich aus diesem Grund die Folgen einer nachträglichen Anerkennung von vertragswidrigen Leistungen gut überlegen.

Trifft ein ohne Vollmacht handelnder Erfüllungsgehilfe, etwa ein Architekt, eine Anordnung für eine Leistung, für die der AN keinen Auftrag hat, ist es denkbar, dass der AG diese Leistung nachträglich genehmigt.[97] Ist das der Fall, kann die Abrechnung unmittelbar nach den §§ 2 Nr. 5 und Nr. 6 VOB/B erfolgen.

Leistungen, die dem mutmaßlichen Willen des AG entsprechen und zur Erfüllung der vertraglichen Leistung notwendig waren, sind vergütungspflichtig. Diese Leistungen müssen unverzüglich angezeigt werden. Diese Regelung aus Abs. 2 Satz 2 korrespondiert mit den §§ 677 ff BGB, der Geschäftsführung ohne Auftrag. Ob eine Leistung zur Erfüllung der vertraglichen Leistung notwendig war, richtet sich in erster Linie danach, ob die ziel- und zweckbestimmte Weisung aus dem Vertrag nur auf diese Weise erreicht werden konnte. Voraussetzung dafür ist, dass der vom AG verfasste und klar erkennbare Bestellerwille nach den a.R.d.T. und unter Beachtung der Gewerbesitte mit der bisher vorgesehenen Leistung nicht erreicht werden kann.

---

[97] Grundlage ist § 177 BGB

Beispielfall 27:

Eine Baugrube muss aufgrund der vorgefundenen Bodenverhältnisse (Sand) breiter ausgeschachtet werden.

Um die Leistung nach den a.R.d.T entsprechend überhaupt und fristgerecht fertig stellen zu können, musste der AN die Baugrube verbreitern. Er konnte davon ausgehen, dass es im wohl verstandenen Interesse des AG lag, dass die gewählte Leistung technisch erforderlich war und deshalb so ausgeführt werden musste.[98]

Die Anforderungen an eine derartige Vergütungsgrundlage sind sehr streng. Kann die Ziel- und Zweckbestimmung auch nach dem Vertragsinhalt erreicht werden, muss die Sachlage genau betrachtet werden. Ein Vergütungsanspruch nach § 2 Nr. 8 VOB/B scheidet dann in den meisten Fällen aus.

Eine weitere Voraussetzung für die nachträgliche Anerkennung ist der mutmaßliche Wille des AG. Unter dem Begriff „mutmaßlicher Wille" ist eine Äußerung zu verstehen, die bei objektiver Würdigung durch den AG geäußert worden wäre, wenn es zu einer solchen Äußerung gekommen wäre[99], er also die Notwendigkeit der abweichenden Leistung gekannt hätte.

Letztlich ist die unverzügliche Anzeige des AN gegenüber dem AG Grundvoraussetzung für eine Anspruchsvoraussetzung.[100] Unter Anzeige ist auch die Abgabe eines Nachtragsangebotes zu verstehen. Allerdings gelten für die Anzeige die Regeln des § 681 BGB, der besagt, dass bis zur Entscheidung des AG mit der Ausführung abgewartet werden muss. Eine Ausnahme von dieser Regel entsteht, wenn Gefahr im Verzug ist.

Liegen die drei Tatbestände „mutmaßlicher Wille des AG", „unverzügliche Ankündigung" und „Leistung zur Erfüllung der vertraglichen Leistung erforderlich" gemeinsam vor, steht dem AN eine Vergütung der außervertraglichen Leistung zu.

---

[98] Vgl. OLG Stuttgart, BauR 1993, 743
[99] Palandt/Thomas, § 683 Rdn. 7
[100] BGH, BauR 1991, 331

e) Geschäftsführung ohne Auftrag

Der Absatz 3 stellt klar, dass die Geschäftsführung ohne Auftrag gemäß der §§ 677 bis 687 BGB unberührt bleibt, also angewendet werden kann. Bei einer Geschäftsführung ohne Auftrag fällt der Schadensersatzanspruch weitgehend weg. Schadensersatz kann ausnahmsweise verlangt werden, wenn beispielsweise der AN die Übernahme des Geschäftes nicht anzeigt und dem AG daraus ein Schaden entsteht.[101]

Die Ausnahmeregelung kommt nicht zustande, wenn der AN unter eigenmächtiger Abweichung des Vertrages vorgegangen ist. Eine Geschäftsführung ohne Auftrag liegt dann vor, wenn ein Handeln des AN zwar objektiv nicht dem entspricht, wozu er vertraglich verpflichtet ist, jedoch die Geschäftsführung dem „mutmaßlichen Willen" des AG entspricht und sie interessengemäß war.[102]

Beispielfall 28:
Der AN führt den Abriss eines Gebäudes durch, wofür er vom AG keinen Auftrag hat. Nach dem Willen des AG sollte das Gebäude stehen bleiben. Es bestand jedoch Einsturzgefahr. Zugleich erfolgte der Abriss aber auch, um die in Auftrag gegebene Arbeit überhaupt ausführen zu können.[103]
Dies ist ein Fall von „Geschäftsführung ohne Auftrag". Der AN hat einen Anspruch auf einen Aufwendungsersatzanspruch. Die Haftungsansprüche fallen weitgehend weg.

Unter dem Begriff „mutmaßlicher Wille" versteht man den Willen, den der AG bei objektiver Beurteilung aller Umstände im Zeitpunkt der Übernahme geäußert haben würde.[104]

Oftmals entsteht eine solche Geschäftsführung ohne Auftrag, wenn der AN Pflichten erledigt, die eigentlich beim AG liegen, für die dieser aber nicht rechtzeitig eine entsprechende Anordnung trifft und deren Erfüllung im öffentlichen Interesse[105] liegt. Dann kann sogar gegen den wirklichen Willen des Geschäftsherrn gehandelt werden.

---

[101] Brox/Walker, BS, Rdn. 375
[102] § 683 BGB
[103] Stein ZfBR 1988, 252
[104] Palandt/Thomas, § 683 Rdn. 7
[105] vgl. § 679 BGB

> Beispielfall 29:
> Bei einem Bauvorhaben werden Bausicherungsmaßnahmen notwendig, die
> nicht im Auftrag erfasst sind.
> Die Sicherung der Baumaßnahme liegt im Interesse der Öffentlichkeit.
> Der AN kann die Sicherungsmaßnahmen ausführen und muss in der Regel
> keine Haftungsansprüche geltend machen lassen.

Der AN ist verpflichtet, die Ankündigung sobald es tunlich ist, dem AG die
Übernahme der Geschäftsführung anzuzeigen und dessen Entschließung
abzuwarten.[106] Eine Ausnahme davon ist gegeben, wenn durch den
hierdurch entstehenden Aufschub Gefahr im Verzug ist.

Die vom Geschäftsführer vorgenommene Handlung bzw. Leistung darf
nicht aufgrund eines Auftrages oder eines anderen Rechtsverhältnisses
begründet sein, sondern muss auf den konkreten Leistungsinhalt abgestellt
werden. Die Voraussetzungen der §§ 2 Nr. 5 und Nr. 6 VOB/B dürfen nicht
vorliegen.[107]

Wenn sich der AN auf Geschäftsführung ohne Auftrag berufen will, muss er
grundsätzlich den Anspruch sofort bei Beginn der Leistung ankündigen.
Wird diese Ankündigung nicht gemacht, entsteht für den AG ein
Schadensersatzanspruch. Eine Ausnahme stellt der zuvor erläuterte Fall
dar, wenn nämlich Gefahr in Verzug ist. Die Darlegungs- und Beweispflicht
bei der Geschäftsführung ohne Auftrag liegt beim Auftragnehmer.

> ➢ Bei der Geschäftsführung ohne Auftrag entsteht kein
> Vergütungsanspruch, sondern ein Aufwendungsersatzanspruch.
> Dieser Unterschied wird in der Praxis häufig missachtet.

Es muss davon ausgegangen werden, dass bei der Geschäftsführung ohne
Auftrag die Vergütung deutlich geringer ausfällt als beim Berufen auf einen
„echten" Vergütungsanspruch. Die Kosten für Wagnis und Gewinn können
beispielsweise bei der Geschäftsführung ohne Auftrag nicht in Anspruch
genommen werden.

---

[106] § 681 BGB
[107] Kemper/Schaarschmidt, BauR 2000, 1651, 1661

2.8 Vergütung für besondere planerische Leistungen nach § 2 Nr. 9 VOB/B

---

§ 2 Nr. 9 VOB/B (Auszug aus der VOB 2002)

(1) Verlangt der Auftraggeber Zeichnungen, Berechnungen oder andere Unterlagen, die der Auftragnehmer nach dem Vertrag, besonders den Technischen Vertragsbedingungen oder der gewerblichen Verkehrssitte, nicht zu beschaffen hat, so hat er sie zu vergüten.

(2) Lässt er vom Auftragnehmer nicht aufgestellte technische Berechnungen durch den Auftragnehmer nachprüfen, so hat er die Kosten zu tragen.

---

a) Verlangen von Planungsleistungen

Fordert der AG vom AN Zeichnungen, Berechnungen oder andere Unterlagen, die er laut Vertrag nicht erstellen muss, hat der AN ein Anrecht auf eine zusätzliche Vergütung. Die Aufzählung von Zeichnungen, Berechnungen oder anderen Unterlagen hat nur einen beispielhaften Charakter. Grundsätzlich sind alle Unterlagen gemeint, die nach Vertragsabschluss zur Planung des Bauvorhabens notwendig werden.

Wenn der AN nur den „handwerklichen" Erfolg schuldet, muss er keine planerischen Leistungen erfüllen. Dieser Grundsatz der VOB ist auch in dem § 3 Nr. 1 VOB/B verankert. Dort heißt es, dass die für die Ausführung der Leistung notwendigen Unterlagen dem AN unentgeltlich zur Verfügung zu stellen sind. Der AG ist somit für die Beschaffung der Planung verantwortlich.

In der Praxis findet der § 2 Nr. 9 oftmals seine Anwendung, wenn der Planer mit der Lieferung der Ausführungspläne in Verzug gerät und der AG vom AN verlangt, diese Planungsleistung zu erbringen, obwohl es nicht zur vertraglichen Leistung des AN gehört.

Voraussetzung für einen Vergütungsanspruch nach § 2 Nr. 9 VOB/B ist, dass der AG die Erstellung der Planungsleistung vom AN ausdrücklich verlangt. Es muss ein gesonderter Auftrag vom AG vorliegen. Weiter muss es sich um Unterlagen handeln, die der AN nicht sowieso schon nach dem Vertrag oder nach der gewerblichen Verkehrssitte zu beschaffen hat. Häufig werden Detail- oder Ausführungspläne in den technischen Vertragsbedingungen gefordert. Diese zählen dann ebenfalls zur geschuldeten Leistung. Verpflichtungen, die sich aus der DIN ergeben, scheiden ebenfalls aus und sind ohne besondere Vergütung zu erbringen. Dies gilt vor allem für die Einzelbestimmungen der VOB Teil C, insbesondere für die Planungsleistungen, die sich aus den Nebenleistungen (Ziffern 4.1) ergeben. Besondere Leistungen (Ziffern 4.2) aus der VOB/C sind dagegen bereits selbstständige Planungsleistungen und sind gesondert zu vergüten.[108]

Fallen im Zuge von Nachtragsangeboten Zeichnungen oder Berechnungen an, sind diese dem AN ebenfalls gesondert zu vergüten. Der Begriff gewerbliche Verkehrssitte im § 2 Nr. 9 schränkt diese Anspruchsgrundlage etwas ein. Werden Ausführungsunterlagen erstellt, die keinen nennenswerten Arbeitsaufwand bzw. angemessene Arbeitsleistung für den AN bedeuten, so kann die Beschaffung oder Anfertigung den vertraglichen Leistungspflichten zugesprochen werden.

Der AN ist verpflichtet, bei einer entsprechenden Anforderung des AG dem Verlangen von Planungsleistungen nachzukommen. Das ergibt sich wiederum aus § 1 Nr. 4 VOB/B, der verpflichtend für den AN ist, wenn er die Leistung in seinem Betrieb erbringen kann. Es müssen aber nur solche Planungsleistungen erbracht werden, die zur Ausführung der vertraglichen Leistung notwendig werden.

b) Nachprüfung technischer Berechnungen

Gemäß § 2 Nr. 9 Abs. 2 ist der AG auch zur Vergütung verpflichtet, wenn der AN technische Berechnungen prüft, die er selbst nicht aufgestellt hat, und deren Prüfung nicht zur geschuldeten Leistung gehört. Mit technischen Berechnungen sind beispielsweise statische Berechnungen oder Massenberechnungen gemeint.

Das Verlangen des AG auf Prüfung technischer Berechnungen setzt, nicht wie bei Absatz 1, ein beiderseitiges Einvernehmen voraus. Der § 1 Nr. 4 findet in diesem Fall keine Anwendung. Der AN ist zur Prüfung der Berechnungen nicht verpflichtet. Zur Überprüfung von Ausführungsunterlagen ist der AN aber verpflichtet, wenn dies zur ordnungsgemäßen Vertragserfüllung gehört. Der AN muss dann den AG auf etwaige Unstimmigkeiten hinweisen.[109] Auch bei Bedenken hinsichtlich

---

[108] OLG Köln, BauR 1992, 637
[109] § 3 Nr. 3 Satz 2 VOB/B

der vorgesehenen Art und Weise der Ausführung oder bei Bedenken gegen die bereits erbrachten Leistungen anderer Unternehmer hat der AN Unstimmigkeiten in der Planung und Ausführung dem AG mitzuteilen.[110] Hieraus ergibt sich für den AN eine prinzipielle Prüfungspflicht, für die er keine gesonderte Vergütung verlangen kann.

Folglich kommen gemäß § 2 Nr. 9 Abs. 2 VOB/B nur solche technischen Berechnungen zur Prüfung in Betracht, die vom AN nicht selbst aufgestellt worden sind und zu deren Überprüfung der AN auch nicht ohnehin schon verpflichtet ist. Verlangt der AG die Prüfung einer statischen Berechnung, die in seinem Auftrag erstellt worden ist, ist diese Prüfung durch den AN, bzw. einen Prüfstatiker im Auftrag des AN, vergütungspflichtig.

c) Berechnung der Vergütung

Die Höhe der Vergütung ist im § 2 Nr. 9 VOB/B nicht geregelt. In Absatz 1 ist die Rede davon, dass die Leistung zu vergüten sei. Absatz 2 sagt, der AG habe die Kosten zu tragen. Die VOB geht davon aus, dass eine Vergütung bei einem Fall des § 2 Nr. 9 einvernehmlich zwischen den Vertragspartnern vereinbart wird. Dies ist in der Praxis oftmals nicht der Fall. Die erforderliche Höhe der Vergütung muss grundsätzlich angemessen sein. Je nach Sachlage kommt eine Vergütung nach den Grundsätzen der Vergütungsberechnung der §§ 2 Nr. 5 und 2 Nr. 6 in Betracht. Auch die Vergütungsregelung nach HOAI kann als Anhaltspunkt angenommen werden, ist aber in keinem Fall verpflichtend.

Im Streitfall muss die Höhe der Vergütung durch einen Sachverständigen ermittelt werden. Es ist dringend zu empfehlen, die Berechnungsgrundlagen für solche Leistungen im Vertrag zu regeln. Möglich ist auch eine Abrechnung der Leistung nach Stundensätzen oder nach Taxen, wie es der § 632 Abs. 2 BGB empfiehlt. Taxen in diesem Sinne sind festgelegte Gebühren, wobei bei Architekten und Ingenieuren wohl der Mindestsatz der HOAI gemeint ist.

---

[110] § 4 Nr. 3 VOB/B

2.9 Vergütung von Stundenlohnarbeiten nach § 2 Nr. 10 VOB/B

> **§ 2 Nr. 10 VOB/B (Auszug aus der VOB 2002)**
> Stundenlohnarbeiten werden nur vergütet, wenn sie als solche vor ihrem Beginn ausdrücklich vereinbart worden sind (§ 15).

a) Regelung für Stundenlohnarbeiten

Der Umfang von Stundenlohnarbeiten lässt sich in der Regel nur schwer nachprüfen. Deshalb sagt der § 2 Nr. 10 VOB/B, dass solche Arbeiten vor Beginn ausdrücklich vereinbart werden müssen. Die VOB/B schließt somit aus, dass im Falle der Nichtvereinbarung eine Vergütung aufgrund des § 632 Abs. 2 BGB festgelegt werden kann. Der § 2 Nr. 10 VOB/B findet daher auch nur bei VOB – Verträgen seine Anwendung. Die Regelung gilt nicht nur bei den so genannten Reservestunden in einem LV[111], sondern bei allen Lohnstundenarbeiten, die der AN beanspruchen will. Der § 15 VOB/B, auf den in § 2 Nr. 10 treffend hingewiesen wird, regelt die Vergütung und das Handling von Stundenlohnarbeiten.

Einer besonderen Stundenlohnvereinbarung bedarf es nicht, wenn aus dem Hauptauftrag bereits hervorgeht, welche Arbeiten im Stundenlohn ausgeführt werden sollen.

Wird also die Bezahlung von Stundenlohnarbeiten verlangt, müssen diese ausdrücklich vereinbart sein. In der Praxis ist es oftmals der Fall, dass Mischverträge entstehen, die zum einen bestimmte Leistungen nach den Grundsätzen der Leistungsverträge (Pauschal- und Einheitspreisvertrag) abrechnen und zum anderen Teile der Leistung über Stundenlohnvereinbarungen, so genannte angehängte Stundenlohnarbeiten, abrechnen. Die in § 2 Nr. 10 VOB/B aufgestellte Forderung ist bei einem derartigen Sachverhalt nur auf die Stundenlohnarbeiten begrenzt. Ist das der Fall, sind die jeweiligen Stundenlohnpositionen genau und eindeutig einer Leistung zuzuordnen. Eine wirksame Stundenlohnvereinbarung setzt daher voraus, dass festgelegt wird, welche Leistung nach Stundenlöhnen zu vergüten ist. Dies gilt ebenso bei Bedarfspositionen.[112]

---

[111] andere Meinung zu den Bedarfspositionen: OLG Köln, NJW-RR 1997, 150
[112] Vygen, BauR 1992, 135, 145

Das reine Dulden der Ausführung von Stundenlohnarbeiten zählt nicht als Anerkenntnis des Vergütungsanspruches. Auch wenn der AG die Stundenlohnzettel unterschreibt, erkennt er die Vergütung i.d.R. nicht an, sondern er bestätigt lediglich Art und Umfang der erbrachten Leistung. Es ist daher unumgänglich, die Stundenlohnarbeiten vor Beginn der Leistung zu vereinbaren. Weiter fordert die VOB, den Beginn der Stundenlohnarbeiten anzuzeigen und schließlich die Stundenlohnzettel je nach Verkehrssitte täglich oder wöchentlich zur Anerkennung einzureichen.[113]

Das OLG Frankfurt hat entschieden, dass die unterlassene Vorlage von Regiezetteln keineswegs zum endgültigen Verfall des Werklohnanspruches des AN führt. Der AN kann auch den Nachweis der Werklohnforderung auf andere Art und Weise als durch Vorlage der Regiezettel bringen.[114] Diese Entscheidung ist in der Literatur sehr umstritten. Der AN sollte in jedem Fall die vorgeschriebene Schriftform einhalten.

Wird eine Vereinbarung über die Stundenlohnarbeiten versäumt, kann nach § 2 Nr. 8 Abs. 2 VOB/B eventuell eine Vergütung als Zusatzleistung erfolgen. Das ist aber nur der Fall, wenn die dort genannten Voraussetzungen erfüllt sind. Sind diese Voraussetzungen für eine Vergütung erfüllt, hat der AN auch ein Anrecht auf eine angemessene Vergütung.

Unterlässt der AN die Vereinbarung über die Stundenlohnarbeiten gemäß § 2 Nr. 10 VOB/B, verfällt also grundsätzlich der Anspruch auf Vergütung der erbrachten Lohnleistung und der AN kann nur mit Hilfe des § 2 Nr. 8 Abs. 2 versuchen, eine Vergütung zu erhalten. In einem derartigen Fall hat er nicht mehr das Recht, nach Stundensätzen abzurechnen. Er muss, wenn er sich auf den § 2 Nr. 8 Abs. 1 berufen will, zur Ermittlung der Vergütung Einheitspreise heranziehen.[115] In Einzelfällen kann auch über eine getroffene Pauschalpreisvereinbarung abgerechnet werden.

Die Schriftform ist bei einer Vereinbarung über Stundenlohnarbeiten nicht zwingend vorgeschrieben. Es ist aber jedem aus Gründen der Beweisbarkeit dringend zu empfehlen, derartige Vereinbarungen stets in Schriftform vorzunehmen.

---

[113] § 15 VOB/B
[114] OLG Frankfurt, BauR 1999, 1460
[115] BGH, BB 1961, 989

Kapitel 3: Ansprüche bei Behinderung nach § 6 VOB/B

Die VOB enthält verschiedene Sonderregelungen zur Bauzeit gegenüber den gesetzlichen Regelungen des § 636 BGB. Die VOB/B befasst sich zunächst im § 5 VOB/B mit den Ausführungsfristen, dann im § 6 VOB/B mit den Behinderungen und den Unterbrechungen der Ausführung und schließlich im § 11 VOB/B mit der Vertragsstrafe für den Fall der nicht fristgerechten Leistungserfüllung.

Dieses Kapitel beschäftigt sich ausschließlich mit der Behinderung und Unterbrechung der Ausführung gemäß § 6 VOB/B.

Der Auftraggeber (AG) hat neben seinen Hauptpflichten, wie beispielsweise die Abnahme der Leistung und die Zahlung der Vergütung, auch die so genannten Mitwirkungspflichten zu erfüllen. Aus dem bauvertraglichen Verhältnis gehen zahlreiche solcher Nebenpflichten hervor. Vernachlässigt der AG seine Mitwirkungspflichten oder entstehen solche Vernachlässigungen durch äußere Ereignisse, die weder vom AG noch vom Auftragnehmer (AN) zu verantworten sind, regelt dies der § 6 VOB/B. Entscheidend ist jedoch, dass der § 6 VOB/B grundsätzlich nur Ereignisse behandelt, die bei Vertragsabschluss für den AN weder bekannt noch vorhersehbar waren.

Die Praxis zeigt, dass während des Baugeschehens immer wieder Hindernisse und Unterbrechungen eintreten, die in den gesetzlichen Bestimmungen des BGB (Werkvertragsrecht) keine Beachtung finden. Derartige Behinderungsumstände können aber sowohl für den AG als auch für den AN sehr kostenintensiv sein und werden deshalb durch den § 6 VOB/B geregelt.

Unter dem Begriff Behinderung versteht man alle Ereignisse, die den vorgesehenen Leistungsablauf in sachlicher, zeitlicher oder räumlicher Hinsicht hemmen oder verzögern.[116] Dazu zählt beispielsweise die verspätete Vorlage der Baugenehmigung, eine fehlende Prüfstatik, fehlende Vorleistungen anderer Unternehmer oder andere Boden- oder Wasserverhältnisse als beschrieben. Wenn der AG nicht zu einer notwendigen Besprechung erscheint, fällt dies bereits unter den Tatbestand der Behinderung.

---

[116] Döring in Ingenstau/Korbion

Die Unterbrechung ist ein Extremfall der Behinderung und stellt einen Arbeitsstillstand bei der Leistungsdurchführung dar. Die Behinderung kann einerseits zusätzlichen Zeitbedarf, andererseits zusätzliche Kosten verursachen.

Behinderungen, deren Ursache weder beim AN noch beim AG zu suchen sind, stellen zumeist die Fälle der „höheren Gewalt", beispielsweise einen Blitzschlag ins teilfertige Gebäude, dar. Der AG ist für Behinderungen verantwortlich, die z.b. durch fehlende Planunterlagen oder fehlende öffentlich-rechtliche Genehmigungen entstehen.

Darüber hinaus teilt der § 6 VOB/B die Ursachen der Behinderung in drei Gruppen ein. Diese sind die Umstände aus dem Risikobereich des AG, Streik oder Aussperrung und höhere Gewalt oder andere anwendbare Umstände, die zu Lasten des AN gehen. Nicht vom § 6 VOB/B werden die Fälle erfasst, in denen Unmöglichkeit, Unvermögen, Nichterfüllung oder Schlechterfüllung vorliegt. Die vorgenannten Tatbestände haben mit Behinderungen und Unterbrechungen i.s. des § 6 VOB/B nichts gemeinsam und werden auch nicht darin behandelt.

In der Praxis sind Ansprüche wegen Behinderung oder Unterbrechung nur schwer durchsetzbar. Häufig hat der AN bereits große Schwierigkeiten, den Zeitraum der Behinderung nachzuweisen, weil es an der entsprechenden Dokumentation über die behindernden Umstände und vor allem deren Folgen fehlt. Folglich ist es sehr wichtig, bei den Tatbeständen der Behinderung sowie der Unterbrechung eine ordnungsgemäße und vollständige Dokumentation zu führen.

Schließlich ist auch die Darstellung und der Nachweis des entstandenen Schadens schwierig. Der AN muss nämlich den Schaden konkret darlegen und unter Beweis stellen.[117] Allerdings besteht die Möglichkeit einer richterlichen Schadensschätzung, wenn greifbare Anhaltspunkte dafür gegeben sind.

---

[117] BGH, BauR 1986, 347

3.1 Anzeigepflicht des Auftragnehmers nach § 6 Nr. 1 VOB/B

---

§ 6 Nr. 1 VOB/B (Auszug aus der VOB 2002)

Glaubt sich der Auftragnehmer in der ordnungsgemäßen Ausführung der Leistung behindert, so hat er es dem Auftraggeber unverzüglich schriftlich anzuzeigen. Unterlässt er die Anzeige, so hat er nur dann Anspruch auf Berücksichtigung der hindernden Umstände, wenn dem Auftraggeber offenkundig die Tatsache und deren hindernde Wirkung bekannt waren.

---

a) Voraussetzung der Behinderung und Anzeigepflicht des AN

Der AN muss, und zwar schriftlich, Behinderung anmelden, wenn er sich in seiner ordnungsgemäßen Ausführung der Leistung behindert glaubt. Wenn er die Anzeige unterlässt, erhält er grundsätzlich keine Ansprüche aus dem § 6 VOB/B, es sei denn, dem AG waren die Tatsachen der hindernden Umstände offenkundig und hinreichend bekannt.

Die Bestimmung des § 6 Nr. 1 VOB/B ist keine „Kann-", sondern eine „Muss-" Vorschrift. Die unverzügliche Anzeige der Behinderung ist für den AN verpflichtend. Auch bei der Unterbrechung der Ausführung hat der AN eine Anzeigepflicht, weil diese im Allgemeinen noch schwerwiegendere Folgen hat als eine Behinderung.

Voraussetzung für das Vorhandensein einer Behinderung ist die Tatsache, dass sich der AN in seiner ordnungsgemäßen Ausführung behindert glaubt. Das setzt nicht voraus, dass dies wirklich so ist. Es ist ausreichend für eine Mitteilung der Behinderung gegenüber dem AG, wenn der AN aus subjektiven Gesichtspunkten betrachtet Besorgnisse bei der Ausführung der Leistung hat.

Beispielfall 30:
Der AN erhält vom AG verspätet die Ausführungspläne. Der AN ist im Zweifel darüber, ob er die vorgesehene Bauzeit einhalten kann.
    Dieser Sachverhalt rechtfertigt bereits eine Behinderungsanzeige. Es liegt eine begründete Vermutung vor, dass durch die verspätete Planlieferung eine Behinderung entsteht.

Es gehört sogar zu den vertraglichen Nebenpflichten des AN, diese Bedenken mitzuteilen. Dem AG soll mit einer zeitigen Behinderungsanzeige die Möglichkeit gegeben werden, auf etwaige Behinderungen frühzeitig reagieren zu können, um die Behinderung abzustellen.[118] Zeitig bedeutet, sobald sich der AN behindert glaubt.

Für die Anzeige schreibt der § 6 Nr. 1 VOB/B die Schriftform vor. Die schriftliche Behinderungsanzeige dient im Wesentlichen zu Beweiszwecken des AN. Eine mündliche Mitteilung über die Behinderung ist nicht ohne weiteres wirkungslos, sollte aber wenn möglich vermieden werden. Die mündliche Behinderungsanzeige ist dann ausreichend, wenn sich aus ihr zweifelsfrei die Behinderungstatbestände ergeben. Der AN muss jedoch den Nachweis erbringen, dass er dem AG rechtzeitig und sachlich vollständig die Behinderung mitgeteilt hat. Zur Mitteilung an den AG kann auch das Bautagebuch genutzt werden, wenn dies dem AG rechtzeitig übermittelt wird.

Durch die Behinderungsanzeige muss der AG hinreichend Klarheit erhalten, dass die Behinderung oder die Unterbrechung die Folge des gegenwärtigen Zustandes sein wird. Der AN hat die Tatsachen und die offensichtlichen Gründe für die Behinderung dem AG im Detail darzulegen.[119] Eine einfache Mitteilung, dass eine Behinderung vorliegt, reicht für eine Berücksichtigung der Behinderung nicht aus. Eine Behinderungsanzeige hat nach der geltenden Rechtssprechung eine Informations-, Schutz- und Warnfunktion.

Die voraussichtliche Dauer der Behinderung sowie die genaue Höhe und der Umfang eines möglichen Schadensersatzes müssen nicht Inhalt einer solchen Anzeige sein.

Es genügt aber nicht, den AG zu informieren, dass beispielsweise noch Ausführungspläne fehlen. Der AN muss in diesem Fall auch dem AG die Auswirkungen darlegen, die eine Verzögerung der Planlieferung auf die Bauzeit hat. Er muss erläutern, ob und wann seine nach dem Bauablauf geplanten Arbeiten nicht oder nicht wie vorgesehen ausgeführt werden können.

---

[118] BGH, BauR 2000, 722
[119] BGH, BauR 1990, 210

Nach dem klaren Wortlaut des § 6 Nr. 1 VOB/B ist der AG ausschließlich der Adressat der Behinderungsanzeige. In Ausnahmefällen ist es aber auch denkbar, die Anzeige dem bauaufsichtsführenden Architekten oder Ingenieur zu übergeben, wenn dieser nicht für die Ursachen der Behinderung verantwortlich ist. Voraussetzung dafür ist eine ausdrückliche Bevollmächtigung eines Dritten durch den AG.

> In der Praxis sollte man allerdings immer den „sicheren Weg" gehen und dem AG immer die Behinderungsanzeige direkt zustellen.

Häufig liegt die Ursache einer Behinderung bei einem Erfüllungsgehilfen des Bauherrn, wie z.B. dem Architekten, von dem dann keine Objektivität erwartet werden kann.

Wenn eine Behinderung vom AG zu vertreten ist, entfällt oftmals die vereinbarte Vertragsstrafe. Allein schon aus diesem Grund sollte man eine Behinderungsanzeige stets nachweisbar dem AG übergeben, um später von den Zahlungsverpflichtungen der Vertragsstrafe befreit zu sein.

aa) Musterbrief: Behinderungsanzeige gemäß § 6 Nr. 1 VOB/B

Behinderungsanzeige gemäß § 6 Nr. 1 VOB/B

Sehr geehrte Damen und Herren,

hiermit zeigen wir an, dass wir in der ordnungsgemäßen Ausführung der von uns zu erbringenden Leistung aufgrund eines Umstandes i. S. des § 6 Nr. 2 VOB/B seit dem ....*(Datum)* behindert sind.

Die Behinderung wird aus folgenden Gründen verursacht:

Begründung:......................................
Behinderte Leistung:..............................

Wir bitten Sie bis zum ....*(Datum)* um schriftliche Mitteilung, welche Maßnahmen von Ihnen ergriffen werden, um die vorgenannte Behinderung zu beseitigen.

Sollten wir innerhalb der gesetzten Frist keine entsprechende Mitteilung von Ihnen erhalten haben oder sollte bis zum vorgenannten Zeitpunkt die Behinderung nicht behoben sein, müssen die Arbeiten spätestens am ....*(Datum)* eingestellt werden.

Wir weisen Sie in diesem Zusammenhang darauf hin, dass gemäß § 6 Nr. 2 VOB/B eine Verlängerung der Ausführungsfristen die Folge der vorbezeichneten Behinderung sein kann.

Rein vorsorglich setzen wir Sie davon in Kenntnis, dass wir den Anspruch auf Ersatz des entstehenden Schadens, einschließlich der Kosten aus der Bauzeitverlängerung, bei Ihnen geltend machen werden (§ 6 Nr. 6 VOB/B).

Nach Fortfall der Behinderung werden wir die Arbeiten unverzüglich wieder aufnehmen und Sie davon in Kenntnis setzen.

Mit freundlichen Grüßen

Ihr Vertragspartner

---

b) Offenkundigkeit der Behinderung

Unterlässt der Auftragnehmer die Behinderungsanzeige, hat er nur dann Anspruch auf Berücksichtigung der hindernden Umstände, wenn dem Auftraggeber offenkundig die Tatsachen und deren hindernde Wirkung bekannt waren. Ist dies nicht der Fall, hat der AN keinen Anspruch auf Fristverlängerung oder Schadensersatz aufgrund der hindernden Umstände. Die Beweislast der Offenkundigkeit hat der AN. In einer gerichtlichen Auseinandersetzung werden wegen des Ausnahmecharakters an den Tatbestand der Offenkundigkeit jedoch sehr hohe Anforderungen gestellt.

Von einer Offenkundigkeit kann nur gesprochen werden, wenn der AG über die behindernden Umstände informiert war und deren Auswirkungen auf den Baufortschritt im Sinne einer Behinderung klar erkennen konnte. Die Informationen über die hindernden Umstände könnte der AG beispielsweise durch eine Besichtigung der Baustelle oder durch Informationen von der Baustelle durch seinen Bauleiter erhalten haben. Für die Umstände der höheren Gewalt (z.B. Wetter, Streik) kann Funk und Fernsehen als Informationsquelle dienen.

Von einer Offenkundigkeit und dem Verzicht auf die schriftliche Ankündigung kann nicht ausgegangen werden, wenn es sich um im Baugeschehen durchaus übliche und kurze Behinderungen handelt. Gleiches gilt, wenn bei einem größeren Bauvorhaben nur einzelne Pläne nicht rechtzeitig übergeben werden.[120] Nur wenn die Informations-, Schutz- und Warnfunktion im Einzelfall keine Anzeige erfordert, ist die Behinderungsanzeige wegen Offenkundigkeit entbehrlich.[121]

Werden verbindliche Vertragsfristen vereinbart und fallen Mehrmengen und Nachtragsleistungen an, die keine erheblichen Veränderungen bei den Ausführungsfristen mit sich bringen, kann nicht automatisch von einer Anzeige abgesehen werden. Jede Behinderung ist anzeigepflichtig.

Nach der aktuellen Rechtsprechung ist es ausreichend, wenn der bauleitende Architekt des Bauherrn die Umstände der Behinderung und deren hindernde Wirkung kennt. Im Zweifel sollte man die Behinderung stets dem AG und dem Architekten mitteilen.

---

[120] OLK Köln, BauR 1981, 472
[121] BGH, BauR 2000, 722

3.2 Tatbestände zur Verlängerung der Ausführungsfristen nach § 6 Nr. 2 VOB/B

---

§ 6 Nr. 2 VOB/B (Auszug aus der VOB 2002)

(1) Ausführungsfristen werden verlängert, soweit die Behinderung verursacht ist:

a) durch einen Umstand aus dem Risikobereich des Auftraggebers,

b) durch Streik oder von der Berufsvertretung der Arbeitgeber angeordnete Aussperrung im Betrieb des Auftragnehmers oder in einem unmittelbar für ihn arbeitenden Betrieb,

c) durch höhere Gewalt oder andere für den Auftragnehmer unabwendbare Umstände.

(2) Witterungseinflüsse während der Ausführungszeit, mit denen bei Abgabe des Angebots normalerweise gerechnet werden musste, gelten nicht als Behinderung.

Wenn die Anzeige der Behinderung erfolgt ist oder der Tatbestand der Offenkundigkeit vorliegt, kann nach § 6 Nr. 2 VOB/B eine Fristverlängerung erfolgen, wenn die Fristverlängerung ursächlich auf den nachfolgend erläuterten Tatbeständen beruht. Voraussetzung ist ebenfalls noch, dass die hindernden Umstände auch tatsächlich gegeben sind. In bestimmten Fällen kann der AN auch Schadensersatzansprüche gegen den AG geltend machen, die durch den § 6 Nr. 6 VOB/B geregelt werden.

Für die zum Zeitpunkt der Angebotsabgabe vorhersehbaren Witterungsverhältnisse enthält der § 6 Nr. 2 Abs. 2 VOB/B eine Regelung.

a) Umstände aus dem Risikobereich des Auftraggebers

Ergeben sich im Rahmen der Bauausführung Behinderungen, die vom AG zu vertreten sind, werden die Ausführungsfristen nach § 6 Nr. 2 Abs. 1 a verlängert. Dies geschieht beispielsweise, wenn der AG seine Mitwirkungspflichten verletzt. Es kommt nicht allein auf das Tun oder Unterlassen des AG selbst an. Ausreichend für die Anwendung des § 6 Nr. 2 Abs. 1 a VOB/B kann es schon sein, wenn eine den AG vertretende Person die Umstände zu vertreten hat. Dies trifft insbesondere Architekten und Ingenieure, die der AG mit Planungs- und Aufsichtsaufgaben betraut hat, vor allem, wenn von diesen ein verbindlicher Bauzeitenplan aufgestellt wurde.[122]

Entscheidend ist, dass es sich im Sinne der Verursachung um Umstände handeln muss, die ihren Ausgangspunkt indem dem AG zuzurechnenden Bereich haben.[123] Dies betrifft beispielsweise die Mitwirkungspflichten und das Verlangen von geänderten oder zusätzlichen Leistungen.[124]

Beispielfall 31:
Der AN erhält vom AG einen verbindlichen Bauzeitenplan, der zum Gegenstand des Vertrages wird. Der AG nennt dem AN jedoch neue Ausführungsfristen, weil die Vorgewerke nicht rechtzeitig fertig werden.

In diesem Fall liegt eine Behinderung aus dem Bereich des AG vor, die entsprechend den Regelungen des § 6 zu behandeln ist. Es muss ebenfalls noch geprüft werden, ob ein Mehrvergütungsanspruch auf der Grundlage des § 2 Nr. 5 VOB/B entsteht.

Mit der Neufassung der VOB/2000 wurde der ständigen Rechtsprechung des BGH Rechnung getragen und klargestellt, dass es nicht allein auf ein Verschulden des AG ankommt. Vielmehr muss die Behinderung aus einem Umstand aus der Risikosphäre des AG resultieren.

Beispielfall 32:
Der AG erlangt die Baugenehmigung nicht rechtzeitig. Der vertraglich vereinbarte Ausführungsbeginn verschiebt sich um zwei Wochen.

Die Einholung der öffentlich-rechtlichen Genehmigungen ist die Aufgabe des AG.[125] Die Erlangung der Baugenehmigung ist deshalb dem Risikobereich des AG zuzuordnen. Aus diesem Sachverhalt entsteht eine Behinderung nach § 6 VOB/B. Auch bei dem vorgenannten Beispielfall kann ebenfalls noch ein zusätzlicher Mehrvergütungsanspruch auf der Grundlage des § 2 Nr. 5 VOB/B entstehen.

Die Mitwirkungspflichten des AG werden u.a. in den §§ 3 und 4 VOB/B geregelt. Nach § 4 Nr. 1 VOB/B hat der AG auch das Zusammenwirken der verschiedenen Unternehmen auf der Baustelle zu regeln. Es ist die Aufgabe des AG dafür zu sorgen, dass ein vorleistendes Unternehmen

---

[122] OLG Düsseldorf, BauR 1997, 1041
[123] OLG Düsseldorf, BauR 1998, 340
[124] BGH, BauR 1990, 210
[125] § 4 Nr. 1 VOB/B

seine Leistung rechtzeitig und mangelfrei ausführt, so dass ein nachfolgendes Unternehmen ohne Bedenken und Behinderung auf dieser Leistung aufbauen kann.

Die vorleistenden Unternehmen sind rechtlich als Erfüllungsgehilfen des AG einzustufen. Die Vorleistung anderer Unternehmen führt im Bauablauf immer wieder zu Behinderungen. Gerade aus diesem Grund ist es im alltäglichen Baugeschehen wichtig, die Vertragsfristen möglichst einzuhalten und die Entstehung einer Behinderung mit den daraus resultierenden Konsequenzen zu verhindern.

Wird die Behinderung durch den AN verursacht, scheidet eine Verlängerung der Vertragsfristen nach § 6 Nr. 2 VOB/B aus. Liegt hingegen die Ursache einer Behinderung in der Sphäre von AN und AG, wird dies nicht durch die VOB geregelt. In diesem Fall ist in Anlehnung an den § 254 BGB eine Quotelung entsprechend dem jeweiligen Verschuldensanteil vorzunehmen. D.h. der Anteil an der Verzögerung, der dem AN zuzurechen ist, wird von der Gesamtverzögerung in Abzug gebracht.[126]

Kommt es zu einer Verlängerung der Ausführungsfristen, ohne dass dem AG ein Verschulden vorzuwerfen ist, ergibt sich daraus noch keine Schadensersatzpflicht des AG, weil nach § 6 Nr. 6 VOB/B ein Verschulden Anspruchsvoraussetzung ist.[127]

Zu den Umständen aus dem Risikobereich des AG können auch Leistungsmehrungen (§ 2 Nr. 3 VOB/B), sowie Änderungen des Bauentwurfs (§ 2 Nr. 5 VOB/B) oder zusätzliche Leistungen (§ 2 Nr. 6 VOB/B) zählen.

Treten im Laufe einer Baumaßnahme schwierigere als ursprünglich angenommene Baugrundverhältnisse auf, fällt dies ebenfalls in den Risikobereich des AG.

b) Streik und Aussperrung

Bei einer Behinderung durch Streik oder einer von der Berufsgruppe des Arbeitgebers angeordneten Aussperrung im Betrieb des AN können die Ausführungsfristen verlängert werden.

---

[126] BGH, BauR 1993, 600
[127] BGH, BauR 1990, 210

Unter Streik ist die gemeinsame und planmäßig durchgeführte Arbeitseinstellung einer größeren Zahl an Arbeitnehmern innerhalb eines Betriebes zu verstehen.[128]

Eine Aussperrung ist die planmäßige Ausschließung einer größeren Anzahl an Arbeitnehmern von der Arbeit, regelmäßig durch Gesamtlösung der Arbeitsverhältnisse, zur Erreichung eines Kampfzieles mit dem Willen der Wiedereinstellung nach Beendigung des Kampfes.[128]

In den Fällen von Streik und Aussperrung kann der AN nicht für die daraus resultierende Verzögerung verantwortlich gemacht werden. Entsteht ein Streik in einem unmittelbar für den AN arbeitenden Betrieb, kann ebenfalls nach § 6 Nr. 2 Abs. 1 b VOB/B eine Fristverlängerung erfolgen. Handelt es sich dabei um Zulieferbetriebe, ist eine Fristverlängerung nur dann akzeptabel, wenn die Stoffe nicht in wirtschaftlich vertretbarer Weise anderweitig beschafft werden können.

Die Aussperrung darf nur unter den Umständen zur Fristverlängerung führen, dass diese von der Berufsvertretung der Arbeitgeber angeordnet wurde. Das bedeutet, dass der Arbeitgeber eindeutig eine Aussperrung vornimmt mit dem Ziel der Vermeidung von streikbedingten Betriebsstörungen. Die Beweispflicht für eine Aussperrung liegt beim AN.

c) Höhere Gewalt oder andere unabwendbare Umstände für den Auftragnehmer

Ein Anspruch auf eine Fristverlängerung kann auch entstehen, wenn für die behindernden Umstände höhere Gewalt oder andere unabwendbare Umstände für den AN ursächlich sind.

Unter höherer Gewalt versteht man ein von außen auf den Betrieb einwirkendes außergewöhnliches Ereignis, das unvorhersehbar ist und selbst bei der Gefährdung des wirtschaftlichen Erfolges des Unternehmens nicht abgewendet werden kann.[129] Darunter fallen beispielsweise Erdbeben, Orkane und Überschwemmungen. Die Handlungen von dritten Personen, die den Bauablauf negativ beeinflussen, fallen ebenfalls unter

---

[128] Definition: Streik und Aussperrung, BAG 1, 291
[129] BGH, NJW-RR 1988, 986

den Begriff der höheren Gewalt. Derartige Handlungen können z.B. Brandstiftung oder mutwillige Sachbeschädigung sein.

Der § 6 Nr. 2 Abs. 1 c VOB/B umfasst ebenfalls noch die unabwendbaren Umstände. Ein unabwendbares Ereignis ist nach der Rechtssprechung ein Vorfall, der auch durch die äußerste, den Umständen nach mögliche Sorgfalt nicht abgewendet werden konnte.[130] Ein unabwendbarer Umstand kann entstehen, wenn beispielsweise eine gänzlich unvorhersehbare Materialknappheit entsteht, die auch nicht durch den Einkauf teurerer Materialien beseitigt werden kann.

In jedem Fall muss zweifelsfrei festgestellt werden, dass den AN kein Verschulden am Entstehen der höheren Gewalt oder der unabwendbaren Umstände trifft. Hat der AN keine Mitschuld am Entstehen der Behinderung, kann eine Fristverlängerung nach § 6 Nr. 2 VOB/B erfolgen.

d) Sonderregelung: Witterungseinflüsse

Treten im Laufe einer Baumaßnahme außergewöhnliche Witterungsverhältnisse auf, die eine Verlängerung der Fristen bewirken, fallen diese unter den Gesichtspunkt der höheren Gewalt oder der unabwendbaren Umstände. Wichtig ist jedoch, dass es sich um Witterungsverhältnisse handelt, die bei der Angebotsabgabe nicht vorhersehbar waren.

Alle anderen Witterungsverhältnisse, die bei Angebotsabgabe vorhersehbar waren, muss der AN in sein Angebot mit einkalkulieren, so dass der AN dann keinen Anspruch auf Fristverlängerung hat. Er kann sich nicht auf eine Behinderung gemäß § 6 VOB/B berufen. Bloße Schlechtwetterlagen oder eine lang anhaltende Regenperiode im Sommer reichen als Behinderungsgrund nicht aus.

Dagegen ist bei außergewöhnlich und unerwartet stark auftretenden Witterungseinflüssen eine Verlängerung der Ausführungsfristen denkbar. Dies könnte z.B. der Fall sein, wenn im Winter eine lang anhaltende und ungewöhnlich starke Kältewelle auftritt. Die extremen und außergewöhnlichen Witterungsverhältnisse dürfen nicht zum Nachteil des

---

[130] Definition unabwendbares Ereignis: S. 344, Baubetrieb von A-Z, Brüssel, 3. Auflage

AN führen. Die Anforderungen an das Berufen auf derartige Umstände sind jedoch sehr hoch.

e) Bauvertragsklauseln

Zu den Regelungen der Ausführungszeiten findet man in den Verträgen sehr häufig Klauseln, die dem AG eine verzugsfreie Ausführung seiner Baumaßnahme garantieren soll. Derartige Regelungen verstoßen jedoch gegen die Grundprinzipien des Werkvertragrechts und sind i.d.R. unwirksam. Behinderungen sowie zusätzliche oder geänderte Leistungen können stets zu einer Fristverlängerung führen.

Beispielfall 33:
In einem Bauvertrag ist die folgende Klausel zu finden:
„Eine Verlängerung der für die Leistung des AN vorgesehenen Ausführungszeit kommt unter keinen Umständen in Betracht."
Hier wird der AN in unangemessener Weise für Risiken aus der Auftraggebersphäre verantwortlich gemacht.[131]

Der Gestaltungsspielraum für wirksame Vertragsklauseln ist gerade bei der Behinderung sehr eng zu fassen. Der Eingriff in den Schadensersatz regelnden Bereich ist nur sehr begrenzt möglich, da diese Ansprüche auf wesentlichen Pflichten der Vertragspartner beruhen.

3.3 Pflichten des Auftragnehmers nach § 6 Nr. 3 VOB/B

§ 6 Nr. 3 VOB/B (Auszug aus der VOB 2002)
Der Auftragnehmer hat alles zu tun, was ihm billigerweise zugemutet werden kann, um die Weiterführung der Arbeiten zu ermöglichen. Sobald die hindernden Umstände wegfallen, hat er ohne weiteres und unverzüglich die Arbeiten wieder aufzunehmen und den Auftraggeber davon zu benachrichtigen.

a) Handlungspflicht des Auftragnehmers während der Behinderung

Nach § 6 Nr. 3 Satz 1 VOB/B hat der Auftragnehmer im Falle einer Behinderung alles zu tun, um die Weiterführung der Arbeiten zu

---

[131] OLG Karlsruhe, Az: 3 U 57/92, ZDB - Verbandsklageregister Nr. 566

ermöglichen. Diese Verpflichtung ist eine vertragliche Nebenpflicht des AN. Sie dient zur Schadensminderung und ist vom AN sehr ernst zu nehmen, da seine Leistungspflicht trotz der Hinderung oder Unterbrechung andauert. Der AN hat alles ihm Mögliche zu tun, was ihm billigerweise zugemutet werden kann, um die Behinderung bzw. die Unterbrechung weitestgehend einzuschränken oder zu unterbinden. Auch wenn der AG die Behinderung zu verantworten hat, gilt diese Handlungspflicht.

Vom AN wird jede nur mögliche Anstrengung verlangt, die Behinderung zu beseitigen, um die Arbeiten ordnungsgemäß weiterführen zu können. Ist der AN verantwortlich für die Behinderung, so ist auch ein größerer Kostenaufwand im Zuge der Schadensminderungspflicht für den AN zumutbar.

Wesentlich geringer ist der Aufwand, den der AN betreiben muss, wenn der AG die hindernden Umstände zu vertreten hat. Inwieweit der AN handlungspflichtig ist, hängt von dem Ausmaß der Behinderung ab. Die Sicherung und Unterhaltung der Baustelle sowie die Beseitigung von Fehlern und Schäden ist immer die Pflicht des AN. Der AN hat sich darüber hinaus mit dem AG in Verbindung zu setzen, um eine Verständigung über die zu ergreifenden Maßnahmen zu versuchen. Verweigert der AG die Verhandlung über die Vergütung der notwendigen Maßnahmen, kann der AN die Leistung verweigern.

Sofern die Behinderung von keinem der Vertragspartner zu verantworten ist, hat der AN die Verpflichtung, im Rahmen seiner Möglichkeiten die Beseitigung der Behinderung zu fördern. Darunter fallen nur solche Leistungen, die keine zusätzlichen Kosten im eigenen Betrieb verursachen. Entzieht der AN sich jeglicher Handlungspflicht, ist er gegenüber dem AG aufgrund einer positiven Vertragsverletzung schadensersatzpflichtig.

b) Wegfall der Behinderung und unverzügliche Arbeitsaufnahme

Nach dem Wegfall des Hindernisses hat der AN ohne Weiteres und unverzüglich die Arbeiten wieder aufzunehmen. Das bedeutet, dass der AN ohne schuldhaftes Verzögern[132] mit den Arbeiten unverzüglich und ohne ausdrückliche Aufforderung des AG nach Ende der Behinderung beginnen

---

[132] § 121 BGB

muss. Auch wenn die Hindernisse nur teilweise beseitigt wurden, eine Erfüllung der Leistung aber möglich ist, muss der AN handeln.

> Die Wiederaufnahme der Arbeiten muss dem AG angezeigt werden. Eine Schriftform ist dabei nicht vorgeschrieben. Die Anzeige über die Wiederaufnahme sollte aber aus Beweisgründen immer schriftlich erfolgen.

Bei Verletzung der Wiederaufnahmepflicht vollzieht der AN ebenfalls eine positive Vertragsverletzung[133]. Er wird dann, wie auch bei der Unterlassung der Handlungspflicht, gegenüber dem AG schadensersatzpflichtig.

3.4 Verlängerung der Ausführungsfristen nach § 6 Nr. 4 VOB/B

---

§ 6 Nr. 4 VOB/B (Auszug aus der VOB 2002)

Die Fristverlängerung wird berechnet nach der Dauer der Behinderung mit einem Zuschlag für die Wiederaufnahme der Arbeiten und die etwaige Verschiebung in eine ungünstigere Jahreszeit.

---

a) Berechnung der Fristverlängerung

Geht man davon aus, dass dem AN eine Behinderung entstanden ist und der AN diese ordnungsgemäß angezeigt hat, stellt sich die Frage, wie die Verlängerung der Frist berechnet wird, die der AN aufgrund der Behinderung erhält. Die Berechnung der Fristverlängerung regelt der § 6 Nr. 4 VOB/B. Das wichtigste Kriterium ist dabei die Dauer der Behinderung. Dies gilt zunächst bei der Fristberechnung nach einer Unterbrechung der Bauausführung. Des Weiteren ist bei der Fristberechnung ein Zuschlag für die Wiederaufnahme der Arbeiten und ein Zuschlag für die Verschiebung in eine ungünstigere Jahreszeit hinzuzuzählen. Die genaue Berechnung bestimmt sich nach dem konkreten Einzelfall.[134]

Die Dauer der Behinderung lässt sich leicht feststellen. Sie ist der Zeitraum, in der aufgrund der Behinderung oder der Unterbrechung die ordnungsgemäße und ursprüngliche Leistungsdurchführung nicht möglich

---

[133] positive Vertragsverletzung (pVV) § 241 Abs. 2 BGB
[134] OLG Düsseldorf, BauR 1988, 487

war. Es wird dann eine Zusatzfrist nach den Bestimmungen der §§ 186 ff BGB berechnet. Die Zusatzfrist wird dann zu den ursprünglichen Ausführungsfristen hinzugezählt.

Für die Wiederaufnahme der Arbeiten wird ein Zuschlag berechnet. Dieser ist notwendig, da der erforderliche volle Wiederbetrieb einer Baustelle einen gewissen Vorlauf benötigt, der nicht zur Ausführungszeit hinzugezählt werden kann. Diese Umstände müssen nach dem Grundsatz von Treu und Glauben bei der neuen Fristberechnung berücksichtigt werden. Die Ermittlung des notwendigen Zuschlags richtet sich nach den Erfordernissen des Einzelfalls.

Fällt die durch die Behinderung oder Unterbrechung veränderte Bauzeit in eine ungünstigere Jahreszeit, kann ebenfalls ein Zuschlag zu der neuen Ausführungsfrist angerechnet werden. Es muss sich dabei um eine Jahreszeit handeln, die bei der ursprünglich vereinbarten Bauzeit nicht vorgesehen war. Die Jahreszeit muss witterungsbedingt ungünstiger sein, damit der AN einen Zuschlag zur neuen Ausführungsfrist erhält. Die Dauer der Fristverlängerung infolge der ungünstigeren Jahreszeit hängt ebenfalls von den objektiv zu bewertenden Erfordernissen des Einzelfalls ab.

b) Vereinbarung der Fristverlängerung

Die Berechnung der Fristverlängerung hat durch den AN zu erfolgen. Er muss dem AG die für die Berechnung wesentlichen Gesichtspunkte mitteilen, um das neue Fristende verbindlich bestimmen zu können. Die Vereinbarung einer neuen Vertragsfrist ist nur direkt mit dem AG möglich, da es sich um einen Eingriff in den Bauvertrag handelt. Der Architekt des AG ist nicht befugt, neue Vertragsfristen mit dem AN zu vereinbaren.

Kommt keine Einigung über eine neue Vertragsfrist zustande, kann diese durch einen Dritten bestimmt werden.[135] Die Berechnung der Frist hat dann nach den Grundsätzen des § 6 Nr. 4 VOB/B zu erfolgen.

---

[135] §§ 317 ff. BGB

3.5   Schadensersatz nach § 6 Nr. 6 VOB/B

---

§ 6 Nr. 6 VOB/B (Auszug aus der VOB 2002)

Sind die hindernden Umstände von einem Vertragsteil zu vertreten, so hat der andere Teil Anspruch auf Ersatz des nachweislich entstandenen Schadens, des entgangenen Gewinns aber nur bei Vorsatz oder grober Fahrlässigkeit.

---

a) Grundsätzliches zum § 6 Nr. 6 VOB/B

Neben der Fristverlängerung nach § 6 Nr. 4 VOB/B kann ein Vertragspartner in einigen Fällen auch Schadensersatz verlangen. Der Schadensersatzanspruch, der sich aus dem § 6 Nr. 6 VOB/B ergibt, beschränkt sich dabei nicht nur auf die Rechte aus dem § 6 VOB/B. Für den Fall der Aufrechterhaltung des Bauvertrages erhält der § 6 Nr. 6 VOB/B eine eigenständige Bedeutung, innerhalb der die Ausführungsfristen und die Folgen einer Verzögerung der Ausführung insgesamt regelnden §§ 5 und 6 VOB/B[136], sowie teilweise dann, wenn dem AN der Auftrag nach § 8 Nr. 3 Abs. 1 VOB/B entzogen wird.[137]

Der § 6 Nr. 6 VOB/B erfüllt somit eine Doppelfunktion. Der im § 6 Nr. 6 geregelte Schadensersatzanspruch umfasst in Bezug auf den § 6 die Behinderungen sowie die Unterbrechungen. Mit der Vereinbarung der VOB/B ist der gesetzliche Entschädigungsanspruch, der sich aus dem § 642 BGB ergibt, nicht anwendbar.[138]

Der Schaden hat in diesem Zusammenhang nichts mit den Mehraufwendungen zu tun, die aufgrund der Behinderung entstehen. Mehraufwendungen, die ursächlich auf eine Behinderung zurückzuführen sind, müssen auf der Grundlage der §§ 2 Nr. 5 oder Nr. 6 VOB/B geltend gemacht und abgerechnet werden. Der § 6 Nr. 6 VOB/B umfasst nur den „reinen Schaden", nicht aber die durch die Behinderung entstandenen zusätzlichen oder geänderten Leistungen.

Kommt es im Rahmen des Bauvertrages zu Änderungsanordnungen gemäß § 1 Nr. 3 VOB/B oder zu der Anordnung zusätzlicher Leistungen nach § 1 Nr. 4 VOB/B, besteht neben dem Anspruch auf Anpassung der

---

[136] BGHZ, 48, 78
[137] BGHZ, 62, 90, 92
[138] Döring in Ingenstau/Korbion

Vergütung gemäß § 2 Nr. 5 und Nr. 6 VOB/B u.U. auch ein Anspruch auf Schadensersatz nach § 6 Nr. 6 VOB/B.[139]

Ein Schadensersatzanspruch nach § 6 Nr. 6 VOB/B kann aber nur verlangt werden, wenn mehrere Voraussetzungen erfüllt sind:

➢ Dem Anspruch auf Schadensersatz nach § 6 Nr. 6 VOB/B muss eine Behinderungsanzeige nach § 6 Nr. 1 VOB/B vorausgegangen sein.

➢ Es muss sich um wirklich hindernde Umstände handeln, die eine ordnungsgemäße Vertragserfüllung behindern.

➢ Ein Schadensersatzanspruch nach § 6 Nr. 6 VOB/B setzt stets ein Verschulden eines Vertragspartners voraus.

Der Schadensersatzanspruch nach § 6 Nr. 6 beinhaltet den nachweislich entstandenen Schaden, sowie bei Vorsatz oder grober Fahrlässigkeit den entgangenen Gewinn. Ein Ausschluss des entgangenen Gewinns mit Hilfe einer Bauvertragsklausel ist nach den Bestimmungen des § 307 BGB[140] unwirksam. Auch sind solche Klauseln unwirksam, die den Schadensersatzanspruch einengen oder vermindern.

Haftungsgrundlagen zur Anwendung des § 6 Nr. 6 VOB/B können z.B. aus dem § 5 Nr. 2 (Verletzung der Abrufpflicht), dem § 5 Nr. 4 (Verzug des AN) sowie den Bestimmungen des § 6 Nr. 2 Abs. 1 a (Risikobereich des AG) entstehen. Eine weitere Haftungsgrundlage kann eine positive Vertragsverletzung[141], ein Schuldnerverzug (Leistungspflicht des AN) oder ein Gläubigerverzug (Mitwirkungspflichten des AG) bilden.

Die Schadensersatzansprüche nach § 6 Nr. 6 VOB/B verjähren nach 2 bzw. 4 Jahren. Die Verjährung beginnt mit dem Ende des Jahres, in dem die Schlussrechnung gestellt wurde.

Die Abgrenzung des Schadensersatzes aus § 6 Nr. 6 VOB/B zu den Vergütungsansprüchen gemäß § 2 Nr. 5 und Nr. 6 VOB/B ist umstritten. Die Rechtssprechung nimmt eine Anspruchskonkurrenz an, sodass der AN je nach Vorliegen der Voraussetzungen seinen Anspruch entweder auf

---

[139] BGH, BauR 2001, 409
[140] ehemals § 9 AGB - Gesetz
[141] positive Vertragsverletzung (pVV) § 241 Abs. 3 BGB

Vergütung oder auf Schadensersatz stützen kann.[142] Die Abgrenzung ist aber deswegen noch von Bedeutung, weil der Anspruch auf Mehrvergütung gem. § 2 VOB/B ein Verschulden des AG nicht voraussetzt.

b) Voraussetzung für den Schadensersatzanspruch

Die Grundvoraussetzung zur Erlangung von Schadensersatzansprüchen nach § 6 Nr. 6 ist, dass die hindernden Umstände *von einem Vertragspartner* zu vertreten sind. Der Vertragspartner muss für das „eigene Verschulden" und auch für das Verschulden eines Erfüllungsgehilfen einstehen. Zu den Erfüllungsgehilfen zählen Architekten, Ingenieure oder sonstige Fachleute, die dem AG bei der Erfüllung des Vertragsverhältnisses gegenüber dem AN behilflich sind.

Beispielfall 34:
Der Architekt des AG verzögert die Lieferung der Ausführungspläne um mehr als 10 Tage. Daraus resultiert eine Behinderung des AN in der Erfüllung seiner vertraglichen Pflichten.

Die Behinderung des AN ist durch den AG zu vertreten. Der Architekt ist sein Erfüllungsgehilfe. Somit handelt es sich um ein Verschulden eines Erfüllungsgehilfen des AG. Eine Fristverlängerung sowie ein Schadensersatzanspruch nach § 6 VOB/B wären in diesem Fall gerechtfertigt. Auch kann ein Mehrvergütungsanspruch auf der Grundlage des § 2 Nr. 5 VOB/B bei diesem Sachverhalt entstehen.

Zu den Erfüllungsgehilfen des AG zählen auch andere Unternehmer, die im Auftrag des AG tätig sind. Der AN hat aber im Falle der Behinderung durch einen anderen Nachunternehmer des AG nur ein Anrecht auf eine Fristverlängerung. Ein Schadensersatzanspruch nach § 6 Nr. 6 entsteht dabei für den AN nicht. Anders ist es der Fall, wenn der AG ausdrücklich Koordinationspflichten übernimmt. Der AG haftet dann auch mit Schadensersatz, wenn ein Nachunternehmer des AG eine Behinderung zu vertreten hat.

Grundvoraussetzung zur Erlangung eines Schadensersatzanspruches nach § 6 Nr. 6 VOB/B ist ebenfalls noch, dass tatsächlich hindernde Umstände vorliegen. Die hindernden Umstände umfassen alle Störungen, die auf eine Baumaßnahme hindernd einwirken. Es ist nicht erforderlich, dass es zu

---

[142] BGH, NJW 1968, 1234

einer Unterbrechung kommt. Bereits eine Behinderung kann den Schadensersatzanspruch auslösen.

Die Anzeigepflicht nach § 6 Nr. 1 VOB/B muss erfüllt sein. D.h. einem Schadensersatzanspruch auf den Grundlagen von § 6 muss zwingend immer eine Behinderungsanzeige vorausgehen. Gleiches gilt bei einem Schadensersatzanspruch, der sich auf eine Behinderung des AN, verursacht durch die Verletzung der Mitwirkungspflichten des AG, beruft.

Wird ein Leistungsverzug des AN nach § 5 Nr. 4 VOB/B Grundlage des Schadensersatzanspruchs, müssen die Voraussetzungen des § 6 Nr. 1 nicht vorliegen.[143]

c) Bestimmung des Schadensersatzes

Ein Schaden ist ein Nachteil, den jemand durch ein bestimmtes Ereignis an seinem Vermögen oder an seinen sonst rechtlich geschützten Gütern erleidet. Der Schaden bezieht sich nicht auf den entgangenen Gewinn. Ein Schaden kann beispielsweise eine „wirkliche" Beschädigung an einem Bauwerk sein. Es werden vom § 6 Nr. 6 VOB/B auch Schäden erfasst, die sich auf das Vermögen des Geschädigten auswirken. Kann beispielsweise der AN einen Anschlussauftrag aufgrund der Behinderung nicht rechtzeitig beginnen und fallen dadurch Kosten an, die ursächlich auf die Behinderung zurückzuführen sind, entsteht ein Schadensersatzanspruch nach § 6 Nr. 6.

Beispielfall 35:
Die Erstellung eines Rohbaus verzögert sich. Für die Behinderung ist der AG verantwortlich. Der Bauunternehmer kann aufgrund der Verzögerung nicht rechtzeitig auf einer anderen Baustelle mit einem Anschlussauftrag beginnen. Der AG des Anschlussauftrages entzieht dem Bauunternehmer daraufhin den Auftrag.

Der AG, der die Behinderung zur Fertigstellung des Rohbaus zu vertreten hat, muss für den entstandenen Schaden aufkommen, der dem Bauunternehmer aufgrund der Kündigung des Anschlussauftrages entsteht.

Im vorgenannten Fall kann der AN den entgangenen Gewinn nur dann fordern, wenn dem AG Vorsatz oder grobe Fahrlässigkeit vorgeworfen werden kann. Mehraufwendungen, die dem AN durch die Verzögerung der

---

[143] OLG Celle, BauR 1995, 552

Ausführung entstehen, können nicht auf der Grundlage des § 6 Nr. 6 vergütet werden. Hierfür kann der AN keinen Schadensersatz verlangen, sondern er muss eine Mehrvergütung auf der Grundlage der §§ 2 Nr. 5 oder Nr. 6 VOB/B verlangen.

Der Schaden bestimmt sich nach den Grundsätzen des allgemeinen Zivilrechts.[144] Der § 6 Nr. 6 VOB/B sieht vor, dass der nachweislich entstandene Schaden zu ersetzen ist. Der entgangene Gewinn wird aber nur bei Vorsatz oder grober Fahrlässigkeit gewährt. Der Schaden muss ursächlich auf die entstandene Behinderung zurückzuführen sein, damit ein Anspruch nach § 6 Nr. 6 gewährt werden kann.

Entstehen bei der Verzugfeststellung Gutachterkosten, sind diese ebenfalls als „Schaden" zu werten und entsprechend auf der Grundlage des § 6 Nr. 6 abzurechnen. Bei einer Behinderung kann der AN alle finanziell bewertbaren, sonst nicht eingetretenen Verluste im Rahmen seines Gewerbebetriebes geltend machen. Dazu zählen beispielsweise nicht mehr vermeidbare Vorhaltekosten, Kosten für das Personal, sofern es nicht anderweitig eingesetzt werden kann, sowie die Kosten für die Überwachung und die Unterhaltung der Baustelle. Auch zwischenzeitlich eingetretene Materialpreiserhöhungen sind vergütungspflichtig.[145]

Entsteht durch den AN eine Behinderung, so kann der AG alle durch die Verzögerung entstandenen Mehrkosten als Schaden betrachten. Insbesondere sind hier die Mietkosten für eine Ersatzwohnung während der Verzugsdauer zu nennen. Nutzungsverluste, insbesondere Mietausfälle, sind entgangener Gewinn und können grundsätzlich nicht geltend gemacht werden.[146] Die Mehrkosten für den Architekten, die dem AG beim schuldhaften Verzögern des AN entstehen, können ebenfalls als Schaden gewertet werden und sind dementsprechend nach § 6 Nr. 6 VOB/B vergütungspflichtig.

Zu den durch die Behinderung entstandenen Mehrkosten zählt auch die Vertragsstrafe, die der Hauptunternehmer an den Kunden wegen Verzögerung seines Subunternehmers zahlen muss.[147] Hat ein Generalunternehmer an seinen AG eine Vertragsstrafe zu zahlen, so kann

---

[144] §§ 249 ff BGB
[145] OLG Düsseldorf, BauR 1996, 865
[146] BGH, BauR, 1970, 54, 55
[147] BGH, NJW 1998, 1493, 1494

er seine Nachunternehmer nach § 6 Nr. 6 VOB/B in Anspruch nehmen, sofern die Verzögerung auf deren schuldhafte Verletzung der Vertragspflichten zurückzuführen ist.[148] Der AG muss den Nachunternehmer in jedem Fall über das hohe Risiko der Höhe der Vertragsstrafe im Verhältnis zu seinem Werklohn informieren.[149]

Entgangener Gewinn kann nur bei Vorsatz oder grober Fahrlässigkeit gewährt werden. Entgangener Gewinn ist der Gewinn, den der AN bei ordnungsgemäßer Fertigstellung erzielt hätte. In Bezug auf den AG ist der entgangene Gewinn der vermögensgemäße Überschuss, den der AG bei rechtzeitiger Fertigstellung durch die vorgesehene Nutzung erzielt hätte.

Ein Vorsatz ist dann gegeben, wenn der gesetzliche Haftungstatbestand (z.B. Behinderung) bewusst verwirklicht wird und diese Tatbestandsverwirklichung gewollt ist, wobei sich der Handelnde der Rechtswidrigkeit seines Tun und Handelns bewusst sein muss.[150] Ein Vorsatz ist beispielsweise gegeben, wenn der AG die Ausführungspläne bewusst zurückhält und ihm klar ist, dass durch sein Zurückhalten dem AN eine Behinderung und dadurch ein Schaden entstehen.

Fahrlässig handelt, wer die im Verkehr erforderliche Sorgfalt außer Acht lässt.[151] Zur verkehrserforderlichen Sorgfalt gehört beispielsweise die Einhaltung der Unfallverhütungsvorschriften, aber auch die Einhaltung der DIN – Normen für bestimmte Bauleistungen. Von Bedeutung ist dann noch die Unterscheidung in leichte und grobe Fahrlässigkeit.

Diese Unterscheidung spielt im § 6 Nr. 6 eine Rolle, da nur der entgangene Gewinn bei grober Fahrlässigkeit zu erstatten ist. Grob fahrlässig handelt derjenige, der die erforderliche Sorgfalt in ungewöhnlich hohem Maße verletzt und dasjenige unbeachtet lässt, was jedem hätte einleuchten müssen.[152] Grobe Fahrlässigkeit liegt z.B. dann vor, wenn der AN notwendigste Sicherungsmaßnahmen auf der Baustelle außer Acht lässt.

---

[148] BGH, BauR 1998, 330
[149] § 254 Abs. 2 BGB
[150] Münch-Komm/Hanau, § 276 Rdn. 49 ff
[151] § 276 Abs. 2 BGB
[152] BGHZ 10, 14, 16

3.6 Rechte bei längerer Unterbrechung nach § 6 Nr. 5 VOB/B und § 6 Nr. 7 VOB/B

---

§ 6 Nr. 5 VOB/B (Auszug aus der VOB 2002)

Wird die Ausführung für voraussichtlich längere Dauer unterbrochen, ohne dass die Leistung dauernd unmöglich wird, so sind die ausgeführten Leistungen nach den Vertragspreisen abzurechnen und außerdem die Kosten zu vergüten, die dem Auftragnehmer bereits entstanden und in den Vertragspreisen des nicht ausgeführten Teils der Leistung enthalten sind.

---

§ 6 Nr. 7 VOB/B (Auszug aus der VOB 2002)

Dauert eine Unterbrechung länger als 3 Monate, so kann jeder Teil nach Ablauf dieser Zeit den Vertrag schriftlich kündigen. Die Abrechnung regelt sich nach den Nummern 5 und 6; wenn der Auftragnehmer die Unterbrechung nicht zu vertreten hat, sind auch die Kosten der Baustellenräumung zu vergüten, soweit sie nicht in der Vergütung für die bereits ausgeführten Leistungen enthalten sind.

---

a) Vorläufige Abrechnung bei einer Unterbrechung von längerer Dauer (§ 6 Nr. 5 VOB/B)

Dem AN entsteht ein Abrechnungsanspruch, wenn die Ausführung seiner Leistung für voraussichtlich längere Zeit unterbrochen wird. Eine dauernde Unmöglichkeit der Ausführung muss dabei nicht gegeben sein. Die Unterbrechung einer Leistung setzt voraus, dass die Leistungsausführung aufgrund einer Behinderung zum Stillstand gekommen ist. Beim Wegfall der Behinderung müssen die Arbeiten wieder aufgenommen werden.

Den Zeitraum der „längeren Dauer" einer Unterbrechung ist auf den Einzelfall abzustellen und nach den Grundsätzen von Treu und Glauben[153] zu berechnen. In jedem Fall kann als Obergrenze die „Drei-Monats-Frist" aus dem § 6 Nr. 7 VOB/B angenommen werden. Der AN kann also nach maximal 3 Monaten nach einer Unterbrechung der Ausführung eine Abrechnung der bisher geleisteten Arbeiten nach den Vertragspreisen vom AG fordern. Der AN erhält auch die Kosten erstattet, die ihm bereits

---

[153] § 242 BGB

angefallen sind, kalkulatorisch aber in den Kosten der noch nicht ausgeführten Leistung stecken.

Führen die hindernden Umstände zu einer dauerhaften Unmöglichkeit der Leistungsausführung, darf der § 6 Nr. 5 VOB/B nicht angewendet werden. Dies gilt ebenfalls, sollten die hindernden Umstände vom AN zu vertreten sein bzw. die Arbeiten unberechtigterweise vom AN eingestellt worden sein. Trotz der Unterbrechung und der Abrechnung bleibt das Vertragsverhältnis weiter bestehen. Der § 6 Nr. 5 bewirkt nicht die Kündigung einzelner Vertragsteile. Es handelt sich lediglich um eine vorläufige Abrechnung der erbrachten Leistung.

Die Abrechnung der ausgeführten Leistung sowie der weiteren Kosten erfolgt nach den Vertragspreisen. Dazu ist ein gemeinsames Aufmaß notwendig, um den genauen Leistungsstand festzustellen. Bei einem Pauschalvertrag muss die Teilleistung in Bezug zur Gesamtleistung gesetzt und entsprechend abgerechnet werden.[154] Die „weiteren Kosten" ergeben sich aus den tatsächlich angefallenen Kosten der noch nicht ausgeführten Leistung. Dazu zählen beispielsweise die Kosten der Baustelleneinrichtung, die trotz der Unterbrechung weiter anfallen.

b) Vorzeitige Vertragskündigung bei einer länger als drei Monate dauernden Unterbrechung (§ 6 Nr. 7 VOB/B)

Der § 6 Nr. 7 VOB/B räumt dem AN das Recht ein, nach einer länger anhaltenden Unterbrechung von mehr als 3 Monaten den Vertrag zu kündigen. Die Leistung ist dann nach den Grundsätzen der §§ 6 Nr. 5 und Nr. 6 VOB/B abzurechnen. Die Regelung des § 6 Nr. 7 VOB/B kann auch dann eintreten, wenn drei Monate nach dem vertraglichen Baubeginn immer noch nicht mit den Arbeiten begonnen wurde und dies nicht ursächlich auf den AN zurückzuführen ist.[155]

Steht hingegen das Ende der Unterbrechung und der Beginn der Arbeiten „in Kürze" schon fest, kann der Vertrag nicht auf der Basis des § 6 Nr. 7 gekündigt werden.

---

[154] BGH, BauR 1980, 356, 357
[155] OLG Düsseldorf, NJW 1995, 3323

Das Kündigungsrecht kann auf einen Teil der Leistung begrenzt werden, wenn die behinderte Leistung abgrenzbar vom restlichen Vertragsinhalt ist. Die Kündigung der Leistung muss nach den Wortlauten des § 6 Nr. 7 VOB/B schriftlich erfolgen.

Die Abrechnung der Leistung ist, im Gegensatz zu der vorläufigen Abrechnung nach § 6 Nr. 5 VOB/B, endgültig. Es müssen neben den Kosten für die bisher ausgeführte Leistung und den weiteren Kosten auch die aus dem § 6 Nr. 6 resultierenden Kosten des Schadensersatzes abgerechnet werden.

Die Kosten der Baustellenräumung können ebenfalls berechnet werden, wenn nicht der AN die Unterbrechung zu vertreten hat bzw. die Kosten schon in der Abrechnungssumme der ausgeführten Leistung enthalten sind.

Kapitel 4: Nachtragsmanagement

In der alltäglichen Baupraxis spielen Nachträge eine sehr große Rolle. Kaum ein Bauvorhaben wird ohne Nachträge abgewickelt, da sich im Laufe einer Bauphase sehr oft Veränderungen der Leistung und der Rahmenbedingungen ergeben. Es ist zu beobachten, dass die Bauvertragspartner im Umgang mit dem so genannten Nachtragsmanagement immer wieder erhebliche Schwierigkeiten haben. Resultat daraus ist in vielen Fällen, dass bei einer späteren, oftmals gerichtlichen Auseinandersetzung dem AN häufig zusätzliche Vergütungsansprüche aberkannt werden.

Im Zuge der Nachtragsbehandlung ist aufzuweisen, auf welcher Rechtsgrundlage der geschlossene Vertrag basiert. Bei einem BGB – Vertrag können Leistungsänderungen nur im Einverständnis beider Vertragspartner getroffen werden. Bei einem VOB – Vertrag hat der AG nach dem § 1 Nr. 3 VOB/B das Recht, einseitig den Vertrag zu ändern, indem er Änderungsanordnungen trifft oder zusätzliche Leistungen fordert. Der AN erhält dann bei Abschluss eines Vertrages auf der Grundlage der VOB automatisch einen Vergütungsanspruch.

Kernziel eines vernünftigen Nachtragsmanagements müsste sein, alle Vereinbarungen über die Vergütungsänderungen und die daraus resultierenden Kosten vor Beginn der Arbeiten zu treffen. Ist das nicht der Fall, ist der AN häufig dazu gezwungen, diese Mehrvergütungsansprüche langfristig vorzufinanzieren. Das ist dann mit weiteren erheblichen Mehrkosten verbunden. Ferner ist es nach Ende der Arbeiten immer sehr schwer, mit dem AG eine Einigung über die Vergütung zu erzielen, da der AN das „Druckmittel" der Arbeitsverweigerung nicht mehr zur Verfügung hat. Eine Einstellung der Arbeiten kann der AN aber nur dann begründen, wenn der AG sich ganz und gar den Mehrvergütungsansprüchen verschließt. Beauftragt der AG die Nachtragsleistung dem Grunde nach, ohne eine Vereinbarung über die Preise zu treffen, hat der AN nicht das Recht zur Einstellung der Arbeiten.

Um die Ziele der eindeutigen Klärung der Sachverhalte vor Beginn der Arbeiten durchzuführen, bedarf es der Schaffung eines gewissen Verfahrensablaufes. Ebenso müssen die Rechte und Pflichten der Bauvertragspartner bzw. deren Erfüllungsgehilfen eindeutig geklärt werden.

Die Vollmachten der Architekten des AG sowie auch die Rechte der Bauleiter des AN müssen im Vorfeld eindeutig geklärt werden. Häufig fängt der Streit um einen Nachtrag schon bei den Handlungen und Weisungen an, die zu dieser Mehrbelastung geführt haben. Es darf dabei nicht vergessen werden, dass ein Vertreter ohne Vertretungsmacht, beispielsweise ein vollmachtlos handelnder Architekt, für den entstandenen Schaden in Haftung genommen werden kann.[156]

4.1 Anforderungen an das Nachtragsmanagement

Die Anforderungen an ein ordentliches Nachtragsmanagement sind sehr vielseitig. Neben einem gewissen „Fingerspitzengefühl" im Umgang mit dem AG sind die Anforderungen beim Nachtragsmanagement wichtig, die bei einer gerichtlichen Auseinandersetzung ein Gericht an das Nachtragswesen stellen wird. Dies ist in erster Linie eine ordnungsgemäße Dokumentation.

Die Dokumentation sollte stets zeitnah erfolgen, damit sie besser nachprüfbar ist und einen hohen nachträglichen Arbeitsaufwand vermeidet. Bestens zur Dokumentation ist beispielsweise das Bautagebuch geeignet. Änderungsanordnungen des Bauherrn bzw. eines Erfüllungsgehilfen können dort sehr klar vermerkt werden. Es ist jedoch wichtig, dass eine Kopie des Bautagebuches dem AG täglich bzw. wöchentlich zugestellt wird. Aber auch Besprechungsprotokolle eignen sich hervorragend zur Dokumentation und zur gleichzeitigen Information des AG. Eine ordnungsgemäße Dokumentation wirkt sehr oft Streit vermeidend, da bereits im Vorfeld einer gerichtlichen Auseinandersetzung die Sachverhalte klar und eindeutig geschildert werden können und somit u.U. ein gerichtliches Verfahren überflüssig wird.

Die Vorlage von Urkunden (Schriftstücke) ist in einem Prozess oftmals das einzig glaubhafte Beweismittel. Zeugen sind zwar nach den Regelungen der Zivilprozessordnung (ZPO) zugelassen, werden aber in einem Bauprozess vom Gericht häufig als qualitativ schlechtes Beweismittel angesehen.

Werden Nachträge zum Streitfall zwischen den Vertragspartnern, müssen sie trotzdem bei der Schlussrechnungsstellung aufgeführt werden. Ein

---

[156] § 179 BGB

fehlender Vorbehalt in der Schlussrechnung kann dazu führen, dass die Ansprüche verfallen. Ebenso kann ein Nachtrag grundsätzlich noch bis zur Schlussrechnung gestellt werden. Der Zeitpunkt der Abnahme ist dabei nicht von Bedeutung. Es muss also bei einer Schlussrechnungsstellung stets überprüft werden, ob noch Nachtragsangebote gestellt bzw. in der Schlussrechnung aufgeführt werden müssen.

a) Ankündigung der Ansprüche

Der Auftragnehmer reicht häufig bei einer Änderung des Bauentwurfs oder anderen Anordnungen des AG ein Nachtragsangebot ein. Dies ist auch gleichzeitig die Mitteilung, dass eine Vergütungsänderung verlangt wird. Generell muss bei einer zusätzlichen Leistung im Sinne des § 2 Nr. 6 VOB/B der Anspruch der Vergütungsänderung angekündigt werden. Die Ankündigung vor Beginn der Arbeiten ist eine Anspruchsvoraussetzung. D.h. ohne die Ankündigung einer zusätzlichen Vergütung (§ 2 Nr. 6 VOB/B) vor Beginn der Arbeiten hat der AN keinen Anspruch auf den Lohn für seine erbrachte Leistung. Nur in Ausnahmefällen kann bei einer Anspruchsgrundlage nach § 2 Nr. 6 VOB/B auf die Ankündigung vor Beginn der Arbeiten verzichtet werden.[157]

Anders stellt sich der Sachverhalt bei einem Nachtrag auf der Grundlage von § 2 Nr. 5 VOB/B dar. Hier soll die Ankündigung der Vergütungsänderung vor Beginn getroffen werden. Es liegt keine Anspruchsvoraussetzung vor, d.h. der Anspruch muss nicht zwingend vor Beginn der Arbeiten angekündigt werden. Die Empfehlung an ein ordnungsgemäßes Nachtragsmanagement lautet aber, den Anspruch auf eine Vergütungsänderung immer vor Beginn der Arbeiten anzukündigen.

Handelt es sich um einen Fall des § 2 Nr. 3 VOB/B, Änderung der Einheitspreise aufgrund von Mehr- oder Mindermengen, muss der AN den Anspruch auf Änderung der Vergütung nicht vor Beginn der Arbeiten ankündigen. Der Vertragspartner, der eine Änderung des Einheitspreises verlangt, muss aber eine eindeutige Willenserklärung abgeben. Dies ist bis zur Anerkennung der Schlussrechnung möglich. Danach kann das Verlangen des AN nicht mehr berücksichtigt werden, da mit Anerkennung der Schlussrechnung die Zahlungsverpflichtungen des AG eindeutig abschließend festgelegt sind.

---

[157] vgl. Kapitel 2.4 – Zusätzliche Leistungen nach § 2 Nr. 6 VOB/B

aa) Musterbrief: Ankündigung von Vergütungsänderungen

Ankündigung von Vergütungsänderungen nach § 2 Nr.5,6,7 VOB/B*

Sehr geehrte Damen und Herren,

wir nehmen Bezug auf Ihre schriftliche/mündliche* Anordnung vom .... *(Datum)*, folgende im Vertrag bisher nicht enthaltene Leistung/im Vertrag enthaltene und geänderte Leistung* auszuführen.

Dies betrifft die folgenden Leistungen:
Geänderte Leistung...........
Zusätzliche Leistung..........

Aufgrund der Änderung der vertraglichen Leistung kündigen wir Ihnen hiermit auf der Grundlage des *§ 2 Nr. 5,6,7 VOB/B** an, dass sich die Vergütung ändert.

Die voraussichtlich entstehenden Mehrkosten werden wir nun unter Berücksichtigung der Mehr- oder Minderkosten ermitteln. Ein entsprechendes Angebot wird Ihnen in Kürze übergeben.

Wir weisen Sie darauf hin, dass sich, bedingt durch die Änderung der vertraglichen Leistung, die Ausführungsfristen verlängern können. Die entstehenden Kosten aus einer Bauzeitverlängerung gehen dann zu Ihren Lasten.

Wir bitten Sie, uns die Vergütungsänderung vom Grunde her zu bestätigen, um die Arbeiten zügig ausführen zu können. Damit keine zusätzliche Behinderung wegen fehlender Entscheidungen entstehen, bitten wir Sie um Unterzeichnung und Rücksendung einer Kopie dieses Schreibens bis zum .... *(Datum)*.

Mit freundlichen Grüßen

Ihr Vertragspartner   **Bestätigung:**

                                                ....
                                                (Unterschrift)

*Nichtzutreffendes bitte streichen

---

b) Leistungsbeschreibung für Nachträge

Die Einholung des Nachtragsangebotes muss vom AG ausgehen. Wie bei der Einholung der Angebote zum Hauptauftrag ist er auch bei zusätzlichen oder geänderten Leistungen verpflichtet, die Angebote einzuholen. Der AG muss die Nachtragsleistung mit Hilfe eines in Teilleistungen gegliederten Leistungsverzeichnisses beschreiben.[158] Daraufhin gibt der AN ein Angebot für die Nachtragsleistung ab.

In der Praxis sieht das häufig etwas anders aus. Oftmals unterbreitet der AN ein Nachtragsangebot und der AG nimmt dazu Stellung. Der AN übernimmt bei dieser Vorgehensweise aber mit der Erstellung eines Angebotes und der damit verbundenen Beschreibung der Leistung ggf. eine Planungsaufgabe, die eigentlich im Aufgabenbereich des AG liegt. Den Aspekt der Planungshaftung darf der AN dabei nicht außer Betracht lassen.

Schon bei der Tatsache, dass in der alltäglichen Baupraxis der AN häufig die Aufgabe der Leistungsbeschreibung für Nachtragsleistungen übernimmt, liegt die Ursache für viele Nachtragsstreitigkeiten. Es ist daher dem AN dringend zu empfehlen, bei einer geänderten oder zusätzlichen Leistung sowie bei Sonderwünschen oder Anschlussaufträgen vom AG bzw. seinem Architekten die detaillierte und vollständige Leistungsbeschreibung zu verlangen. Wenn der AG bzw. sein Architekt dann ein Leistungsverzeichnis erstellt, hat dies den großen Vorteil, dass die Nachtragsleistung vom Grunde her gerechtfertigt ist bzw. im Streitfall nur schwer abzustreiten ist. Ferner wird auch die Planungsverantwortung vom AG aufrecht erhalten und der AN hat nicht die Gefahr der Planungshaftung inne, für die er in den meisten Fälle auch nicht bezahlt wird.

Strittig ist die Frage, ob der AN die Ausführung der Zusatzleistung verweigern kann, wenn der AG die Leistungsbeschreibung nicht erstellt. In jedem Fall ist eine Einstellung der Arbeiten gerechtfertigt, wenn der AG den Anspruch auf Vergütungsänderung ganz und gar grundlos verneint. Der AN muss aber die Mehrforderungen ausreichend begründen, um ein Recht auf Einstellung der Arbeiten zu haben.[159]

---

[158] § 9 Nr. 6 VOB/A
[159] OLG Dresden, BauR 1998, 565

Übernimmt der AN auf Wunsch des AG die Erstellung der Leistungsbeschreibung für einen Nachtrag, entstehen unter Umständen Vergütungsansprüche aus den Planungsaufgaben. Grundlage dieser Vergütungsansprüche für Zeichnungen, Berechnungen und sonstige Planungsleistungen wäre dann der § 2 Nr. 9 VOB/B. Die Höhe des Vergütungsanspruches für diese Leistungen würde sich dann nach den Mindestsätzen der HOAI richten.

Übernimmt der AN Planungsleistungen für den AG, hat er auch eine Planungsverantwortung zu tragen und haftet für Planungsfehler nach den gesetzlichen Bestimmungen.[160] Dem AG kann bei einem Fehler in der Planung des AN lediglich ein Mitverschulden vorgeworfen werden, wenn er das Nachtragsangebot in Auftrag gegeben hat und dieses vorher durch seinen Architekten hat prüfen lassen.

c) Inhalt des Nachtragsangebotes

Der AG hat grundsätzlich den Anspruch, alle Mehrkosten zu erfahren, die ursächlich aufgrund seiner Änderung entstehen. Nur so kann er entscheiden, ob er nun die Leistung ausführen lässt oder auf die Ausführung verzichtet. Deshalb ist es wichtig, dass ein Nachtragsangebot alle durch die Änderung des AG entstehenden Kosten beinhaltet. Sind die Kosten noch nicht berechenbar, müssen sie in jedem Fall im Angebot vorbehalten werden.

Um zu entscheiden, ob es sich um eine nachtragswürdige Leistung handelt, muss das Bausoll (vertraglich festgelegte Leistung) mit dem Bauist (tatsächlich auszuführende Leistung) verglichen und gegenübergestellt werden. Deshalb sollte man die dokumentarisch erfasste Nachtragsleistung den entsprechenden Positionen der Leistungsbeschreibung des Hauptauftrages gegenüberstellen.

Ein sinnvoll aufgebauter Nachtrag muss daher eine Nachtragsbegründung mit der Nennung der Anspruchsgrundlage, eine Nachtragskalkulation, die Information über die Auswirkungen auf den Bauablauf mit den eventuellen Vorbehalten sowie das Nachtragsangebot mit einer Bindefrist enthalten.

---

[160] § 635 BGB

Ein Nachtragsangebot muss grundsätzlich alle die durch die Änderung verursachten Mehrkosten berücksichtigen. Verursacht eine Leistungsänderung eine Bauzeitverlängerung oder eine Bauablaufstörung, muss dies auch entsprechend bei der Kostenermittlung berücksichtigt werden. Wird ein Nachtragsangebot ohne Berücksichtigung dieser Kosten vertraglich vereinbart, so kann der AN nicht später noch Mehrkosten aufgrund der gleichen Ursache geltend machen. Es ist daher dem AN dringend zu raten, einen entsprechenden Vorbehalt in der Nachtragsvereinbarung zu treffen, um die ihm entstandenen Kosten einer etwaigen Bauzeitverlängerung später noch zu erhalten.

Gerade aufgrund der Bauzeitproblematik sollte ein Nachtragsangebot immer eine Bindefrist enthalten, in der sich der AN an die dort kalkulierten Preise hält. Generell sollte auch in einer Nachtragsvereinbarung auf die Problematik der Bauzeit hingewiesen werden und das Geltendmachen von dadurch entstehenden Mehrkosten vorbehalten werden. Die Bindefrist ist dabei nach den Grundsätzen der §§ 145 ff BGB bzw. § 19 VOB/A zu bestimmen. Es ist auch zu prüfen, ob aufgrund der Nachtragsforderung eine Behinderung nach § 6 VOB/B entsteht. Die Behinderung muss dann nach § 6 Nr. 1 VOB/B schriftlich angezeigt werden.[161]

d) Pflichten der Vertragspartner

Übergibt der AN dem AG ein Nachtragsangebot, hat der AG dieses Angebot unverzüglich zu prüfen. Zwischen Vertragspartnern eines VOB/B – Vertrages besteht während der Vertragsdurchführung eine Kooperationspflicht[162]. Das Bestreben beider Vertragspartner sollte eigentlich sein, eine Vereinbarung über einen Nachtrag vor Beginn der Arbeiten zu treffen. So formulieren es auch die §§ 2 Nr. 5 und Nr. 6 VOB/B. Die Vereinbarung über die Preise soll vor Beginn der Arbeiten getroffen werden. Entstehen während der Vertragsdurchführung Meinungsverschiedenheiten zwischen den Parteien über die Notwendigkeit oder die Art und Weise einer Anpassung des Vertrages oder seiner Durchführung an geänderte Umständen, sind alle Parteien grundsätzlich verpflichtet, durch Verhandlungen eine einvernehmliche Beilegung der Meinungsverschiedenheiten zu versuchen.[163]

---

[161] vgl. Kapitel 3.1 – Anzeigepflicht des AN nach § 6 Nr. 1 VOB/B
[162] vgl. Urteil des BGH zur Kooperationspflicht – BGH, BauR 2000, 409
[163] BGH, BauR 2000, 409

Zunächst muss der AG prüfen, ob die Forderung des AN aus dem § 2 VOB/B hergeleitet werden kann oder ob es sich um eine Leistung handelt, die bereits Vertragsinhalt ist und in der Leistungsbeschreibung oder in den Vorbemerkungen des Hauptauftrages enthalten ist. Die Prüfungspflicht gehört zu den vertraglichen Pflichten des AG. Eine Anordnung des AG muss nicht immer eine Nachtragsforderung nach sich ziehen, da der AG unter Umständen nur die geschuldete Leistung mit einer Anordnung konkretisiert. Ferner werden Nebenleistungen, die in den Allgemeinen Technischen Vertragsbedingungen (VOB/C) enthalten sind, mit den vereinbarten Preisen abgeholt.

Handelt der AN ohne Auftrag oder unter eigenmächtiger Abweichung vom Vertrag, hat er nur einen Vergütungsanspruch, wenn die Tatbestände des § 2 Nr. 8 Abs. 2 VOB/B vorliegen.

Stellt der AG fest, dass eine Forderung des AN auf Vergütungsänderung nicht gerechtfertigt ist, muss er dies dem AN mitteilen. Auch die so genannte Hinweispflicht gehört zu den vertraglichen Pflichten und sollte von den Vertragspartnern ernst genommen werden. Der AG muss in jedem Fall den AN über das Ergebnis seiner Prüfung informieren und die Nachtragsforderung eindeutig zurückweisen, um keine Zweifel an seiner Ablehnung der Vergütungsänderung aufkommen zu lassen.

Ist die Prüfung der Nachtragsforderung für grundsätzlich positiv befunden worden, stellt sich die Frage, welche Anspruchsgrundlage für den Nachtrag dient. Die Anspruchsgrundlagen für Nachträge sind bereits in den Kapiteln 2 und 3 ausführlich besprochen worden. Je nach Anspruchsgrundlage entscheidet sich auch, welche Anspruchsvoraussetzungen und Kalkulationsgrundsätze herangezogen werden müssen.

Nach der Prüfung, ob ein Nachtrag vom Grunde her gerechtfertigt ist, steht die Prüfung an, ob der Nachtrag in der Höhe gerechtfertigt ist. Die Unterscheidung nach den verschiedenen Anspruchsgrundlagen ist unumgänglich, um die Ermittlung der Preise nachvollziehen zu können. Um die Nachtragsforderung in der Höhe prüfen zu können, bedarf es der Vorlage der Kalkulation des Hauptauftrages. Die darin verwendeten Preise, Zuschläge und Nachlässe müssen auch bei der Kalkulation des Nachtrages verwendet werden. Es muss feststellbar sein, ob der Nachtrag auf der Basis des Hauptauftrages unter Berücksichtigung der Mehr- oder

Minderkosten kalkuliert worden ist. Dieser Nachweis wird auch bei einer etwaigen gerichtlichen Auseinandersetzung verlangt und ggf. vom Gericht bzw. einem Sachverständigen überprüft.

In der Literatur wird häufig diskutiert, ob nicht schon die bloße Entgegennahme des Nachtragsangebotes durch den AG und die Duldung der Ausführung der darin beschriebenen Leistung eine stillschweigende und konkludente Annahme des Nachtragsangebotes darstellt. Das wird man häufig bejahen können, wenn die Leistungen vom AG erkannt und geduldet wurden und von Seiten des AG kein Einwand gegen das Nachtragsangebot vorgetragen wurde.

Bei öffentlichen AG ist eine derartige Anerkenntnis jedoch nicht denkbar, da für diese eine strenge Formvorschrift in Gesetzen verankert ist, wonach es durchweg auch der Einhaltung der Schriftform und bestimmter Vertretungsregeln bedarf.[164]

Auch bei Nachtragsleistungen hat der AN einen Anspruch auf Absicherung seiner Forderungen. Er kann nach § 648 a BGB eine Sicherheitsleistung verlangen, die nach der Höhe der voraussichtlichen Vergütung bestimmt wird. Die Vorgehensweise beim Verlangen einer Sicherheitsleistung und die Konsequenzen bei der Nichterfüllung durch den AG beschreibt neben dem § 17 VOB/B auch der § 648 a BGB.

e) Einstellung der Arbeiten

Wenn der AG die Vereinbarung einer Nachtragsleistung verzögert oder behindert, hat der AN nicht das Recht, die Arbeiten einzustellen. Die VOB/B kennt in dieser Hinsicht keine Möglichkeit für den AN, die Nachtragsvereinbarung vom AG zu erzwingen. Das Gegenteil ist der Fall. Der AN ist in Streitfällen nicht berechtigt, die Arbeiten einzustellen.[165]

Auch der BGH hat zu dieser Problematik eine eindeutige Meinung. Der AN muss zunächst versuchen, mit dem AG eine Einigung zu erzielen. Nur wenn der AG nachweislich nicht gesprächsbereit ist, kann über die Einstellung der Arbeiten nachgedacht werden. Allerdings stellt die

---

[164] BGH, BauR 1992, 761
[165] § 18 Nr. 4 VOB/B

Zurückweisung einer Nachtragsforderung noch keine endgültige Verweigerung der Gesprächsbereitschaft des AG dar.[166]

Der Auftragnehmer ist nicht verpflichtet, zusätzliche Leistungen auszuführen, wenn der Auftraggeber den Standpunkt vertritt, die Zusatzarbeiten müssten ohne weitere Vergütung erbracht werden. Die Weigerung des AN, derartige Arbeiten nicht ohne zusätzliche Vergütung zu erbringen, rechtfertigt keine Kündigung des AG.[167]

Beispielfall 36:

In einem Leistungsverzeichnis wurde in einer Position ein Einheitspreis von 300,00 €/Einheit vereinbart. Aufgrund einer Anordnung des AG, die eine aufwendigere Ausführung zur Folge hat, verlangt der AN nun einen Einheitspreis von 350,00 €/Einheit für diese Position. Eine Kalkulation für den neuen Preis legt er nicht vor. Der AG lehnt die Forderung des AN ab mit der Begründung, der Einheitspreis sei zu hoch angesetzt.

Der AN kann aufgrund der ablehnenden Haltung des AG zur neuen Preisvereinbarung nicht die Arbeiten einstellen, da die Mehrforderung nicht ausreichend begründet wurde bzw. er keine Kalkulation vorgelegt hat.[168]

Nur wenn der AG sich grundsätzlich Verhandlungen über Nachträge verschließt und ausdrücklich absolut berechtigte Forderungen des AN nicht vergüten will, können die Arbeiten eingestellt werden. In einem derartigen Fall müssen aber die Anspruchsgrundlagen richtig sein, die Formvorschriften müssen eingehalten sein und das Nachtragsangebot muss prüffähig sein.

4.2 Nachtragskalkulation

Wenn der AN ein Nachtragsangebot im Zuge eines Hauptauftrages erstellt, kann er in der Regel nicht frei kalkulieren. Er muss sich streng an die Kalkulation seines Hauptauftrages halten. Dies schreibt der § 2 Nr. 5 VOB/B vor, indem dort ausgeführt wird, dass ein neuer Preis unter Berücksichtigung der Mehr- oder Minderkosten zu vereinbaren ist. Im § 2 Nr. 6 VOB/B, der sich mit den zusätzlichen Leistungen befasst, heißt es, dass der neue Preis nach den Grundlagen der vertraglichen Leistung

---

[166] BGH, 28.10.1999, Az: VII 393/98
[167] OLG Celle, IBR 2003, 231
[168] OLG Dresden, BauR 1998, 565

und den besonderen Kosten der zusätzlichen Leistung bestimmt werden soll. Dementsprechend muss auch der neue Preis auf der Basis des Hauptauftrages gebildet werden. Ein guter Preis für die Hauptleistung bleibt also auch ein guter Preis bei den Nachträgen. Aus einem schlechten Preis bei der Hauptleistung kann also auch kein guter Preis bei den Nachträgen werden.

Die Kalkulation und der Angebotspreis liegen im Risikobereich des AN. Das gilt sowohl für zu niedrige als auch für zu hohe Preise sowie für Kalkulationsfehler und für Spekulationskalkulationen. Oftmals ist es ratsam, die Höhe der Nachträge nicht zu früh festzulegen. Man sollte mit der Angabe der genauen Nachtragssumme abwarten, bis alle Auswirkungen des Nachtrages bekannt sind.

Der AN muss grundsätzlich bei einer Nachtragskalkulation die Kalkulation des Hauptauftrages und der Nachtragsleistung offen legen.[169] Wurde bei der Kalkulation zum Hauptauftrag keine Angebotskalkulation erstellt, kann eine neue, im Einzelnen nachvollziehbare und plausible Kalkulation nachgereicht werden.[170] Der AG bzw. dessen Bauleitung kann bei Nichtoffenlegung der Angebots- bzw. Nachtragskalkulation die Nachtragsforderung mangels Prüfbarkeit zurückweisen.

Anders gestaltet sich die Preisermittlung für Sonderwünsche des AG oder für vom Vertragsinhalt unabhängige Leistungen. Werden derartige Leistungen gefordert, ist der AN nicht verpflichtet, die Arbeiten auszuführen. Er kann die Leistung frei kalkulieren und ggf. ein neues Vertragsverhältnis eingehen.

Im Zuge der Nachtragskalkulation muss grundsätzlich unterschieden werden, ob es sich um eine Mengenänderung (§ 2 Nr. 3 VOB/B), eine Leistungsänderung (§ 2 Nr. 5 VOB/B) oder eine zusätzliche Leistung (§ 2 Nr. 6 VOB/B) handelt. Auf die speziellen Besonderheiten bei der Kalkulation zu den vorgenannten Anspruchsgrundlagen wurde bereits im Kapitel 2 – Nachträge – Änderung der Vergütung - näher eingegangen.

Ein Nachtrag nach den Grundsätzen des § 2 VOB/B unterscheidet sich in der Höhe auch deutlich von einem Schadensersatzanspruch nach § 6 Nr. 6

---

[169] OLG Düsseldorf, BauR 1991, 219
[170] BGH, BauR 1997, 304

VOB/B. Die Nachtragspreise nach den Grundsätzen des § 2 VOB/B werden nicht nach den tatsächlichen Kosten ermittelt, sondern nach den kalkulativen Kosten auf der Grundlage der Urkalkulation des Hauptauftrages bestimmt. Insoweit unterscheiden sich Nachträge gemäß § 2 VOB/B als Vergütungsanspruch grundlegend von dem Schadensersatzanspruch nach § 6 Nr. 6 VOB/B. Dies wird allein schon dadurch deutlich, dass die Vereinbarung über die Preise für die Nachtragsleistung nach § 2 VOB/B vor Beginn der Ausführung getroffen werden soll, also zu einem Zeitpunkt, indem nur die kalkulatorischen Kosten, nicht aber die tatsächlichen Mehr- oder Minderkosten bekannt sind.

Ein kostenintensiver Punkt bei einem Nachtrag kann sich häufig aufgrund einer Bauzeitverlängerung ergeben. Die Kosten für eine Bauzeitverlängerung sowie sämtliche Auswirkungen auf den Bauablauf, die aufgrund der Änderungen entstehen, sind kalkulatorisch zu berücksichtigen. Derartige Kosten können sich beispielsweise aus der Umstellung von Arbeitsabläufen oder aus dem Stillstand von Teilleistungen ergeben. Können die aus der Bauzeitverlängerung resultierenden Kosten noch nicht eindeutig bestimmt werden, muss der AN unbedingt einen Vorbehalt hinsichtlich der Mehrkosten in das Angebot mit aufnehmen.

a) Lohnkosten

Veränderungen bei den Lohnkosten dürfen nur dann berücksichtigt werden, wenn für die Nachtragsleistung eine andere Zusammensetzung des Personals auf der Baustelle notwendig wird. Der kalkulierte Mittellohn darf im Vergleich zum Hauptauftrag bei der Nachtragskalkulation nicht verändert werden. Es ist daher sehr empfehlenswert, in den individuellen Vertragsklauseln eine Vereinbarung über eine eventuelle Lohnerhöhung bzw. eine Veränderung der lohnabhängigen und lohnunabhängigen Kosten zu treffen. Ist eine derartige Vereinbarung nicht getroffen worden, können Veränderungen im Lohnniveau nur berücksichtigt werden, wenn sie zum Zeitpunkt der Angebotsabgabe kalkulatorisch nicht erfasst werden konnten.

Die Zeit – Mengenansätze müssen ebenfalls den Grundsätzen der Kalkulation des Hauptauftrages entsprechen. Dies ist allerdings nur bei vergleichbarer Leistung möglich. Liegen derartige Vergleichsmöglichkeiten nicht vor, kann auf Erfahrungswerte bzw. Akkordtarife zurückgegriffen werden.

b) Stoff-, Material- und Gerätekosten

Bei den Stoff- und Materialkosten ist der Preis aus der Kalkulation des Hauptauftrages einzusetzen. Ein anderer Preis darf für die Stoffe und Materialien nur eingesetzt werden, wenn andere Voraussetzungen für die Beschaffung vorliegen. Das könnte beispielsweise der Fall sein, wenn eine andere Bezugsquelle für die Beschaffung gewählt werden muss, und sich deshalb der Preis ändert. Die Erhöhung der Preise muss zweifelsfrei nachgewiesen werden, etwa mit Rechnungen oder Angeboten von Lieferanten. Abweichende Materialkosten können sich auch noch aufgrund zwischenzeitlich erfolgter Materialpreissteigerungen, aus geringeren Mengenrabatten bei Nachbestellungen oder bei Lieferschwierigkeiten ergeben. Die Zuschlagansätze auf Stoffe aus dem Hauptauftrag gelten auch bei der Nachtragskalkulation. Auch bei den Stoff- und Materialpreisen ist es sinnvoll, eine entsprechende Preisgleitklausel zu vereinbaren. Diese müsste dann im Rahmen der individuellen Vertragsklauseln im Bauvertrag des Hauptauftrages vereinbart werden.

Bei den Gerätekosten entstehen bei der Nachtragskalkulation häufig Schwierigkeiten. Aber auch bei den Gerätekosten gelten die Grundlagen der Preisermittlung des Hauptauftrages. Müssen im Rahmen von Nachtragsleistungen andere Geräte eingesetzt werden, sind die Kosten dafür entsprechend den Ansätzen in der Preisermittlung des Hauptauftrages zu berechnen. Die Bereitstellungskosten für beispielsweise Auf- und Abbau der Geräte oder An- und Abfahrt können in den neuen Preisen voll berücksichtigt werden. Mindert sich durch die Nachtragsleistung der Geräteeinsatz, muss der Preis entsprechend verringert werden. Einen hilfreichen Ansatz bei der Ermittlung von Gerätekosten kann auch die Baugeräteliste (BGL) geben.

Gerade bei Nachträgen auf der Grundlage des § 2 Nr. 3 VOB/B (Mengenänderungen) werden häufig die zusätzlichen Kosten vergessen, die ursächlich durch die Mengenänderung entstanden sind, nicht aber direkt einer Position zuzuordnen sind. Dazu zählen häufig die Mehrkosten für zusätzliche Geräte, da diese in den Gemeinkosten der Baustelle anfallen.

c) Gemeinkosten der Baustelle

Zu den Gemeinkosten zählen neben den Kosten für die örtliche Bauleitung, den Baustelleneinrichtungskosten und die Kosten für Bauhilfs- und

Betriebsstoffe auch die Vorhaltekosten für Container und Büros sowie alle Kosten, die durch das Betreiben einer Baustelle entstehen und sich keiner Teilleistung direkt zuordnen lassen.

Bei der Kalkulation der Nachtragsleistung kommt es darauf an, ob die Gemeinkosten der Baustelle als Zuschlag auf die Einzelkosten kalkuliert worden sind oder, wie es häufig bei der Baustelleneinrichtung der Fall ist, als Pauschalposition beauftragt worden sind.

Wurde ein Teil der Gemeinkosten der Baustelle, beispielsweise die Baustelleneinrichtung, als Pauschalposition beauftragt, kann eine Veränderung dieser Position aufgrund zusätzlicher oder geänderter Leistungen nur dann vorgenommen werden, wenn die Höhe der Gemeinkosten beeinflusst wird. Dies ist bei der Baustelleneinrichtung der Fall, wenn aufgrund der Leistungsänderung oder der Mehrmengen eine andere oder zusätzliche Baustelleneinrichtung notwendig wird bzw. die Baustelleneinrichtung länger als im Vertrag vorgesehen benötigt wird.

Wurden die Gemeinkosten der Baustelle mit Hilfe von Zuschlägen auf die Teilleistungen umgelegt, greifen die gleichen Regelungen wie für die Lohn- und Stoffkosten auch bei den Gemeinkosten der Baustelle.

d) Allgemeine Geschäftskosten, Wagnis und Gewinn

Allgemeine Geschäftskosten sind Kosten, die einem Betrieb nicht aufgrund eines bestimmten Vertragsverhältnisses entstehen, sondern durch die Unternehmung als Ganzes verursacht werden. Auch bei den Allgemeinen Geschäftskosten sowie beim Wagnis und Gewinn gelten die Zuschlagssätze aus dem Hauptauftrag. Nachlässe aus dem Hauptauftrag müssen auch auf die Nachtragsleistung gewährt werden, da sie letztlich den Gewinn des Unternehmens schmälern.[171]

Gleiches gilt auch für Kalkulationsfehler des AN sowie für Spekulationskalkulationen, die bei den Nachträgen nicht ausgeglichen werden dürfen. Ein Kalkulationsirrtum des AN kann nur ausgeglichen werden, wenn ein so genanntes *Verschulden bei Vertragsabschluss*[172] des AG vorliegt. Ein derartiges Verschulden des AG könnte beispielsweise dann vorliegen, wenn der AG die Mengen fahrlässig falsch ausschreibt und

---

[171] OLG Düsseldorf, BauR 1993, 479
[172] culpa in contrahendo (c.i.c.) - § 311 BGB

der AN auf die Richtigkeit der ausgeschriebenen Menge vertrauen konnte bzw. vertrauen musste.

e) Nachunternehmerleistungen

Bei Nachtragsleistungen, die durch einen Nachunternehmer (NU) des AN erbracht werden, gilt der dem Hauptvertrag zugrunde liegende Zuschlagssatz auch für die neuen Preise. In der Praxis versieht der AN das Nachtragsangebot des Nachunternehmers häufig mit dem vereinbarten Zuschlag und gibt es an den AG weiter. Problematisch wird dieses Verfahren nur dann, wenn der AG vom AN die Offenlegung der Kalkulation verlangt. Der AN ist nicht dazu berechtigt, die Kalkulation seines Nachunternehmers an einen Dritten, den AG, weiterzugeben. Die Vertragsverhältnisse zwischen dem AG und dem AN sowie dem AN und seinem NU sind unabhängig voneinander zu betrachten. Im Zweifelsfall muss der AN auf der Grundlage der Preisvereinbarung des Hauptauftrages die Nachtragsleistung selbstständig kalkulieren.

Oftmals sind auch die Grundlagen der Vertragsverhältnisse und der Leistungsbeschreibung zwischen den einzelnen Parteien sehr unterschiedlich. Die Art der Leistungsbeschreibung kann für den AN im Verhältnis zum AG eine völlig andere sein, als der AN mit dem NU vereinbart hat. Im Extremfall hat der AN zwar gegenüber dem AG einen Nachtragsanspruch, jedoch kann beispielsweise der NU gegenüber dem AN aufgrund einer Pauschalpreisvereinbarung keine Mehrkosten geltend machen. Das kann natürlich auch im umgekehrten Verhältnis der Fall sein.

f) Kalkulation von Nachträgen beim Pauschalvertrag

Das Wesen des Pauschalvertrages zeichnet sich dadurch aus, dass die Vergütung für die vertragliche Leistung mit einer Pauschalen abgeholt wird. Je nach Vertragsform, Detail- oder Globalpauschalvertrag bzw. eine Mischung aus beidem, ist auch die Angebotskalkulation unterschiedlich genau aufgebaut. Grundsätzlich können auch bei Pauschalverträgen Änderungen der Vergütung eintreten. In der Praxis wird dann eine Nachtragsleistung oftmals mit Einheitspreisen oder mit Hilfe einer zusätzlichen Pauschalen angeboten. Ist dies jedoch nicht der Fall, muss die ursprünglich vereinbarte Pauschale aufgrund der Nachtragsleistung erhöht bzw. gemindert werden.

Auch wenn Nachtragsleistungen bei einem Pauschalvertrag entstehen, muss zur Preisermittlung die Kalkulation des Hauptauftrages als Grundlage angenommen werden.

Ist zwischen den Vertragspartnern ein Detailpauschalvertrag auf der Grundlage einer detaillierten Leistungsbeschreibung (Positionen und Einheitspreise) vereinbart worden, muss zunächst ein Preisanpassungsfaktor ermittelt werden. Der Preisanpassungsfaktor beschreibt die Differenz zwischen dem Angebotspreis aufgrund der Summierung der Positionspreise (Einheitspreise * Massen) und dem letztendlich vereinbarten Pauschalpreis. Mit diesem Preisanpassungsfaktor, der aufgrund von Nachlässen oder Rundungen entsteht, werden die Einheitspreise der Kalkulation neu berechnet. D.h. die bei der Verhandlung gewährten Nachlässe werden nun auf die kalkulierten Preise umgelegt. Die „neuen" Einheitspreise dienen dann als Grundlage der Kalkulation für die Nachtragsleistung. Wurden die Mengen in der Ausschreibung nicht richtig ermittelt, kann ebenfalls ein Preisanpassungsfaktor aufgrund unrichtiger Mengen ermittelt werden.

Kommt es nun zu Nachträgen, kann die ursprüngliche Angebotskalkulation zu Grunde gelegt werden. Die ermittelten Preise werden dann mit den Preisanpassungsfaktoren multipliziert. So entstehen die Preise auf der tatsächlichen Kalkulationsgrundlage (Einheitspreise aus der Angebotskalkulation unter Berücksichtigung der gewährten Nachlässe und der korrigierten Mengen).

Bei einem Globalpauschalvertrag erfolgt die Ermittlung der Preise für eine Nachtragsleistung, wenn möglich, wie zuvor beschrieben. Es muss zusätzlich noch geprüft werden, ob der AN auch alle geschuldeten Leistungen in seiner Kalkulation berücksichtigt hat. Grundlage bei der Nachtragskalkulation zu einem Globalpauschalvertrag muss ebenfalls immer die Angebotskalkulation sein. Die gewährten Nachlässe müssen auch bei der Kalkulation zum Nachtrag berücksichtigt werden.

Literaturverzeichnis

(1) BAURECHT: Zeitschrift für das gesamte öffentliche und private Baurecht, 1970 ff, Werner Verlag

(2) BECK'SCHE TEXTAUSGABE: BGB 2002, 3. Auflage, Verlag C.H. Beck

(3) BIERMANN: Der Bauleiter im Bauunternehmen, 2. Auflage, Verlag Rudolf Müller

(4) BIRKE-RAUCH: Baurecht für Bauleiter, Praxis Check, Weka Verlag

(5) BRÜSSEL: Baubetrieb von A bis Z, 3. Auflage, Werner Verlag

(6) CREIFELDS: Rechtswörterbuch, 15. Auflage, Verlag C.H. Beck

(7) DIN - DEUTSCHES INSTITUT FÜR NORMUNG: VOB Vergabe- und Vertragsordnung für Bauleistungen, Ausgabe 2002, Beuth Verlag

(8) ESCHENBRUCH: Recht der Projektsteuerung, Werner Verlag

(9) FRANKE/KEMPER/ZANNER/GRÜNHAGEN: VOB Kommentar, 1. Auflage, Werner Verlag

(10) GLATZEL/HOFMANN/FRIKELL: Unwirksame Bauvertragsklauseln nach dem AGB – Gesetz, 9. Auflage, Verlag Ernst Vögel

(11) GRALLA: Garantierter Maximalpreis, 1. Auflage, Verlag B.G. Teubner

(12) HELLER: Nachtragsmanagement: Sicherung der Nachtragsvergütung nach VOB und BGB, Zeittechnik – Verlag GmbH

(13) HERIG: VOB Teile A B C Baupraxis kompakt, 1. Auflage, Werner Verlag

(14) HOFMANN/FRIKELL: Nachträge am Bau, 3. Auflage, VOB-Verlag Ernst Vögel

(15) INGENSTAU/KORBIN: VOB Teil A und B Kommentar, 14. Auflage, Werner Verlag

(16) KAPELLMANN/LANGEN: Einführung in die VOB/B – Basiswissen für die Praxis, 11. Auflage, Werner Verlag

(17) KAPELLMANN/SCHIFFERS: Vergütung, Nachträge und Behinderungsfolgen beim Bauvertrag, Band 1 – Einheitspreisvertrag, 4. Auflage, Werner Verlag

(18) KAPELLMANN/SCHIFFERS: Vergütung, Nachträge und Behinderungsfolgen beim Bauvertrag, Band 2 – Pauschalvertrag einschließlich Schlüsselfertigbau, 3. Auflage, Werner Verlag

(19) KOSANKE: Der Schadensnachweis nach § 6 Nr. 6 VOB/B aus baubetrieblicher Sicht, TU - Berlin

(20) LEINEMANN: Die Bezahlung der Bauleistung, 2. Auflage, Carl Heymanns Verlag

(21) NAGEL: Zahlungsforderungen sichern und durchsetzen, 1. Auflage, Bauwerk Verlag

(22) NICKLISCH/WEICK: VOB Teil B Kommentar, 3. Auflage, Verlag C.H. Beck

(23) SCHERER: Nachtragsmanagement 2, Zeittechnik – Verlag GmbH

(24) PLUM: Sachgerechter und prozessorientierter Nachweis von Behinderungen und Behinderungsfolgen beim VOB – Vertrag, 1. Auflage, Werner Verlag

(25) STEIGER: Neuerungen in der VOB/B 2002 – Vergütung und Nachträge, Seminarunterlage zum Baurechtsseminar am 25. April 2003, Referent Rechtsanwalt Thomas Steiger, Staufen

(26) STOHLMANN: Die 20 „Todsünden" bei der Abwicklung von Bauverträgen, 5. erweiterte Auflage, Verlaganstalt Handwerk GmbH

(27) VYGEN: Bauvertragsrecht nach VOB, 3. Auflage, Werner Verlag

(28) VYGEN: Rechte und Pflichten der Bauleiter – Nachtragangebote, Seminarunterlage zum Baurechtseminar am 19.04.2002, Referent Prof. Dr. jur. Klaus Vygen

(29) WERNER/PASTOR: Der Bauprozess, 7. Auflage, Werner Verlag

(30) WERNER/PASTOR/MÜLLER: Baurecht von A-Z, 6. Auflage, Verlag Rudolf Müller

(31) WIRTH: Handbuch zur Vertragsgestaltung, Vertragsabwicklung und Prozessführung im privaten und öffentlichen Baurecht, Werner Verlag

(32) WIRTH: Tagungshandbuch Kalksandstein-Vortragsreihe 2003, Schuldrechtsreform 2002 und VOB 2002, Verein Süddeutscher Kalksandsteinwerke e.V.

Auszüge aus dem Bürgerlichen Gesetzbuch (BGB)

Willenserklärung

§ 119 Anfechtbarkeit wegen Irrtums

(1) Wer bei der Abgabe einer Willenserklärung über deren Inhalt im Irrtum war oder eine Erklärung dieses Inhalts überhaupt nicht abgeben wollte, kann die Erklärung anfechten, wenn anzunehmen ist, dass er sie bei Kenntnis der Sachlage und bei verständiger Würdigung des Falles nicht abgegeben haben würde.

(2) Als Irrtum über den Inhalt der Erklärung gilt auch der Irrtum über solche Eigenschaften der Person oder der Sache, die im Verkehr als wesentlich angesehen werden.

§ 121 Anfechtungsfrist

(1) Die Anfechtung muss in den Fällen der §§ 119, 120 ohne schuldhaftes Zögern (unverzüglich) erfolgen, nachdem der Anfechtungsberechtigte von dem Anfechtungsgrund Kenntnis erlangt hat. Die einem Abwesenden gegenüber erfolgte Anfechtung gilt als rechtzeitig erfolgt, wenn die Anfechtungserklärung unverzüglich abgesendet worden ist.

(2) Die Anfechtung ist ausgeschlossen, wenn seit der Abgabe der Willenserklärung zehn Jahre verstrichen sind.

§ 138 Sittenwidriges Rechtsgeschäft; Wucher

(1) Ein Rechtsgeschäft, das gegen die guten Sitten verstößt, ist nichtig.

(2) Nichtig ist insbesondere ein Rechtsgeschäft, durch das jemand unter Ausbeutung der Zwangslage, der Unerfahrenheit, des Mangels an Urteilsvermögen oder der erheblichen Willensschwäche eines anderen sich oder einem Dritten für eine Leistung Vermögensvorteile versprechen oder gewähren lässt, die in einem auffälligen Missverhältnis zu der Leistung stehen.

Vertretung und Vollmacht

§ 177 Vertragsschluss durch Vertreter ohne Vertretungsmacht

(1) Schließt jemand ohne Vertretungsmacht im Namen eines anderen einen Vertrag, so hängt die Wirksamkeit des Vertrags für und gegen den Vertretenen von dessen Genehmigung ab.

(2) Fordert der andere Teil den Vertretenen zur Erklärung über die Genehmigung auf, so kann die Erklärung nur ihm gegenüber erfolgen; eine vor der Aufforderung dem Vertreter gegenüber erklärte Genehmigung oder Verweigerung der Genehmigung wird unwirksam. Die Genehmigung kann nur bis zum Ablauf von zwei Wochen nach dem Empfang der Aufforderung erklärt werden; wird sie nicht erklärt, so gilt sie als verweigert.

§ 179 Haftung des Vertreters ohne Vertretungsmacht

(1) Wer als Vertreter einen Vertrag geschlossen hat, ist, sofern er nicht seine Vertretungsmacht nachweist, dem anderen Teil nach dessen Wahl zur Erfüllung oder zum Schadensersatz verpflichtet, wenn der Vertretene die Genehmigung des Vertrags verweigert.

(2) Hat der Vertreter den Mangel der Vertretungsmacht nicht gekannt, so ist er nur zum Ersatz desjenigen Schadens verpflichtet, welchen der andere Teil dadurch erleidet, dass er auf die Vertretungsmacht vertraut, jedoch nicht über den Betrag des Interesses hinaus, welches der andere Teil an der Wirksamkeit des Vertrags hat.

(3) Der Vertreter haftet nicht, wenn der andere Teil den Mangel der Vertretungsmacht kannte oder kennen musste. Der Vertreter haftet auch dann nicht, wenn er in der Geschäftsfähigkeit beschränkt war, es sei denn, dass er mit Zustimmung seines gesetzlichen Vertreters gehandelt hat.

Fristen, Termine

§ 187 Fristbeginn

1) Ist für den Anfang einer Frist ein Ereignis oder ein in den Lauf eines Tages fallender Zeitpunkt maßgebend, so wird bei der Berechnung der Frist der Tag nicht mitgerechnet, in welchen das Ereignis oder der Zeitpunkt fällt.

(2) Ist der Beginn eines Tages der für den Anfang einer Frist maßgebende Zeitpunkt, so wird dieser Tag bei der Berechnung der Frist mitgerechnet. Das Gleiche gilt von dem Tag der Geburt bei der Berechnung des Lebensalters.

§ 188 Fristende

(1) Eine nach Tagen bestimmte Frist endigt mit dem Ablauf des letzten Tages der Frist.

(2) Eine Frist, die nach Wochen, nach Monaten oder nach einem mehrere Monate umfassenden Zeitraum - Jahr, halbes Jahr, Vierteljahr - bestimmt ist, endigt im Falle des § 187 Abs. 1 mit dem Ablauf desjenigen Tages der letzten Woche oder des letzten Monats, welcher durch seine Benennung oder seine Zahl dem Tag entspricht, in den das Ereignis oder der Zeitpunkt fällt, im Falle des § 187 Abs. 2 mit dem Ablauf desjenigen Tages der letzten Woche oder des letzten Monats, welcher dem Tage vorhergeht, der durch seine Benennung oder seine Zahl dem Anfangstag der Frist entspricht.

(3) Fehlt bei einer nach Monaten bestimmten Frist in dem letzten Monat der für ihren Ablauf maßgebende Tag, so endigt die Frist mit dem Ablauf des letzten Tages dieses Monats.

Verpflichtung zur Leistung

§ 241 Pflichten aus dem Schuldverhältnis

(1) Kraft des Schuldverhältnisses ist der Gläubiger berechtigt, von dem Schuldner eine Leistung zu fordern. Die Leistung kann auch in einem Unterlassen bestehen.

(2) Das Schuldverhältnis kann nach seinem Inhalt jeden Teil zur Rücksicht auf die Rechte, Rechtsgüter und Interessen des anderen Teils verpflichten.

§ 242 Leistung nach Treu und Glauben

Der Schuldner ist verpflichtet, die Leistung so zu bewirken, wie Treu und Glauben mit Rücksicht auf die Verkehrssitte es erfordern.

§ 249 Art und Umfang des Schadensersatzes

(1) Wer zum Schadensersatz verpflichtet ist, hat den Zustand herzustellen, der bestehen würde, wenn der zum Ersatz verpflichtende Umstand nicht eingetreten wäre.

(2) Ist wegen Verletzung einer Person oder wegen Beschädigung einer Sache Schadensersatz zu leisten, so kann der Gläubiger statt der Herstellung den dazu erforderlichen Geldbetrag verlangen. Bei der Beschädigung einer Sache schließt der nach Satz 1 erforderliche Geldbetrag die Umsatzsteuer nur mit ein, wenn und soweit sie tatsächlich angefallen ist.

§ 254 Mitverschulden

(1) Hat bei der Entstehung des Schadens ein Verschulden des Beschädigten mitgewirkt, so hängt die Verpflichtung zum Ersatz sowie der Umfang des zu leistenden Ersatzes von den Umständen, insbesondere davon ab, inwieweit der Schaden vorwiegend von dem einen oder dem anderen Teil verursacht worden ist.

(2) Dies gilt auch dann, wenn sich das Verschulden des Beschädigten darauf beschränkt, dass er unterlassen hat, den Schuldner auf die Gefahr eines ungewöhnlich hohen Schadens aufmerksam zu machen, die der Schuldner weder kannte noch kennen musste, oder dass er unterlassen hat, den Schaden abzuwenden oder zu mindern. Die Vorschrift des § 278 findet entsprechende Anwendung.

§ 276 Verantwortlichkeit des Schuldners

(1) Der Schuldner hat Vorsatz und Fahrlässigkeit zu vertreten, wenn eine strengere oder mildere Haftung weder bestimmt noch aus dem sonstigen Inhalt des Schuldverhältnisses, insbesondere

aus der Übernahme einer Garantie oder eines Beschaffungsrisikos zu entnehmen ist. Die Vorschriften der §§ 827 und 828 finden entsprechende Anwendung.

(2) Fahrlässig handelt, wer die im Verkehr erforderliche Sorgfalt außer Acht lässt.

(3) Die Haftung wegen Vorsatzes kann dem Schuldner nicht im Voraus erlassen werden.

Gestaltung rechtsgeschäftlicher Schuldverhältnisse durch Allgemeine Geschäftsbedingungen

§ 305 Einbeziehung Allgemeiner Geschäftsbedingungen in den Vertrag

(1) Allgemeine Geschäftsbedingungen sind alle für eine Vielzahl von Verträgen vorformulierten Vertragsbedingungen, die eine Vertragspartei (Verwender) der anderen Vertragspartei bei Abschluss eines Vertrags stellt. Gleichgültig ist, ob die Bestimmungen einen äußerlich gesonderten Bestandteil des Vertrags bilden oder in die Vertragsurkunde selbst aufgenommen werden, welchen Umfang sie haben, in welcher Schriftart sie verfasst sind und welche Form der Vertrag hat. Allgemeine Geschäftsbedingungen liegen nicht vor, soweit die Vertragsbedingungen zwischen den Vertragsparteien im Einzelnen ausgehandelt sind.

(2) Allgemeine Geschäftsbedingungen werden nur dann Bestandteil eines Vertrags, wenn der Verwender bei Vertragsschluss

1. die andere Vertragspartei ausdrücklich oder, wenn ein ausdrücklicher Hinweis wegen der Art des Vertragsschlusses nur unter unverhältnismäßigen Schwierigkeiten möglich ist, durch deutlich sichtbaren Aushang am Ort des Vertragsschlusses auf sie hinweist und

2. der anderen Vertragspartei die Möglichkeit verschafft, in zumutbarer Weise, die auch eine für den Verwender erkennbare körperliche Behinderung der anderen Vertragspartei angemessen berücksichtigt, von ihrem Inhalt Kenntnis zu nehmen,

und wenn die andere Vertragspartei mit ihrer Geltung einverstanden ist.

(3) Die Vertragsparteien können für eine bestimmte Art von Rechtsgeschäften die Geltung bestimmter Allgemeiner Geschäftsbedingungen unter Beachtung der in Absatz 2 bezeichneten Erfordernisse im Voraus vereinbaren.

§ 306 Rechtsfolge bei Nichteinbeziehung und Unwirksamkeit

(1) Sind Allgemeine Geschäftsbedingungen ganz oder teilweise nicht Vertragsbestandteil geworden oder unwirksam, so bleibt der Vertrag im Übrigen wirksam.

(2) Soweit die Bestimmungen nicht Vertragsbestandteil geworden oder unwirksam sind, richtet sich der Inhalt des Vertrags nach den gesetzlichen Vorschriften.

(3) Der Vertrag ist unwirksam, wenn das Festhalten an ihm auch unter Berücksichtigung der nach Absatz 2 vorgesehenen Änderung eine unzumutbare Härte für eine Vertragspartei darstellen würde.

§ 307 Abs. 1 und 2 Inhaltskontrolle

(1) Bestimmungen in Allgemeinen Geschäftsbedingungen sind unwirksam, wenn sie den Vertragspartner des Verwenders entgegen den Geboten von Treu und Glauben unangemessen benachteiligen. Eine unangemessene Benachteiligung kann sich auch daraus ergeben, dass die Bestimmung nicht klar und verständlich ist.

(2) Eine unangemessene Benachteiligung ist im Zweifel anzunehmen, wenn eine Bestimmung

1. mit wesentlichen Grundgedanken der gesetzlichen Regelung, von der abgewichen wird, nicht zu vereinbaren ist oder

2. wesentliche Rechte oder Pflichten, die sich aus der Natur des Vertrags ergeben, so einschränkt, dass die Erreichung des Vertragszwecks gefährdet ist.

Schuldverhältnisse aus Verträgen

§ 311 Abs. 2 Rechtsgeschäftliche und rechtsgeschäftsähnliche Schuldverhältnisse

(2) Ein Schuldverhältnis mit Pflichten nach § 241 Abs. 2 entsteht auch durch

1. die Aufnahme von Vertragsverhandlungen,
2. die Anbahnung eines Vertrags, bei welcher der eine Teil im Hinblick auf eine etwaige rechtsgeschäftliche Beziehung dem anderen Teil die Möglichkeit zur Einwirkung auf seine Rechte, Rechtsgüter und Interessen gewährt oder ihm diese anvertraut, oder
3. ähnliche geschäftliche Kontakte.

Werkvertrag und ähnliche Verträge

§ 631 Vertragstypische Pflichten beim Werkvertrag

(1) Durch den Werkvertrag wird der Unternehmer zur Herstellung des versprochenen Werkes, der Besteller zur Entrichtung der vereinbarten Vergütung verpflichtet.

(2) Gegenstand des Werkvertrags kann sowohl die Herstellung oder Veränderung einer Sache als auch ein anderer durch Arbeit oder Dienstleistung herbeizuführender Erfolg sein.

§ 632 Vergütung

(1) Eine Vergütung gilt als stillschweigend vereinbart, wenn die Herstellung des Werkes den Umständen nach nur gegen eine Vergütung zu erwarten ist.

(2) Ist die Höhe der Vergütung nicht bestimmt, so ist bei dem Bestehen einer Taxe die taxmäßige Vergütung, in Ermangelung einer Taxe die übliche Vergütung als vereinbart anzusehen.

(3) Ein Kostenanschlag ist im Zweifel nicht zu vergüten.

§ 635 Nacherfüllung

(1) Verlangt der Besteller Nacherfüllung, so kann der Unternehmer nach seiner Wahl den Mangel beseitigen oder ein neues Werk herstellen.

(2) Der Unternehmer hat die zum Zwecke der Nacherfüllung erforderlichen Aufwendungen, insbesondere Transport-, Wege-, Arbeits- und Materialkosten zu tragen.

(3) Der Unternehmer kann die Nacherfüllung unbeschadet des § 275 Abs. 2 und 3 verweigern, wenn sie nur mit unverhältnismäßigen Kosten möglich ist.

(4) Stellt der Unternehmer ein neues Werk her, so kann er vom Besteller Rückgewähr des mangelhaften Werks nach Maßgabe der §§ 346 bis 348 verlangen.

§ 641 Fälligkeit der Vergütung

(1) Die Vergütung ist bei der Abnahme des Werkes zu entrichten. Ist das Werk in Teilen abzunehmen und die Vergütung für die einzelnen Teile bestimmt, so ist die Vergütung für jeden Teil bei dessen Abnahme zu entrichten.

(2) Die Vergütung des Unternehmers für ein Werk, dessen Herstellung der Besteller einem Dritten versprochen hat, wird spätestens fällig, wenn und soweit der Besteller von dem Dritten für das versprochene Werk wegen dessen Herstellung seine Vergütung oder Teile davon erhalten hat. Hat der Besteller dem Dritten wegen möglicher Mängel des Werkes Sicherheit geleistet, gilt dies nur, wenn der Unternehmer dem Besteller Sicherheit in entsprechender Höhe leistet.

(3) Kann der Besteller die Beseitigung eines Mangels verlangen, so kann er nach der Abnahme die Zahlung eines angemessenen Teils der Vergütung verweigern, mindestens in Höhe des Dreifachen der für die Beseitigung des Mangels erforderlichen Kosten.

(4) Eine in Geld festgesetzte Vergütung hat der Besteller von der Abnahme des Werkes an zu verzinsen, sofern nicht die Vergütung gestundet ist.

§ 642 Mitwirkung des Bestellers

(1) Ist bei der Herstellung des Werkes eine Handlung des Bestellers erforderlich, so kann der Unternehmer, wenn der Besteller durch das Unterlassen der Handlung in Verzug der

Annahme kommt, eine angemessene Entschädigung verlangen.

(2) Die Höhe der Entschädigung bestimmt sich einerseits nach der Dauer des Verzugs und der Höhe der vereinbarten Vergütung, andererseits nach demjenigen, was der Unternehmer infolge des Verzugs an Aufwendungen erspart oder durch anderweitige Verwendung seiner Arbeitskraft erwerben kann.

§649 Kündigungsrecht des Bestellers

Der Besteller kann bis zur Vollendung des Werkes jederzeit den Vertrag kündigen. Kündigt der Besteller, so ist der Unternehmer berechtigt, die vereinbarte Vergütung zu verlangen; er muss sich jedoch dasjenige anrechnen lassen, was er infolge der Aufhebung des Vertrags an Aufwendungen erspart oder durch anderweitige Verwendung seiner Arbeitskraft erwirbt oder zu erwerben böswillig unterlässt.

Geschäftsführung ohne Auftrag

§ 677 Pflichten des Geschäftsführers

Wer ein Geschäft für einen anderen besorgt, ohne von ihm beauftragt oder ihm gegenüber sonst dazu berechtigt zu sein, hat das Geschäft so zu führen, wie das Interesse des Geschäftsherrn mit Rücksicht auf dessen wirklichen oder mutmaßlichen Willen es erfordert.

§ 678 Geschäftsführung gegen den Willen des Geschäftsherrn

Steht die Übernahme der Geschäftsführung mit dem wirklichen oder dem mutmaßlichen Willen des Geschäftsherrn in Widerspruch und musste der Geschäftsführer dies erkennen, so ist er dem Geschäftsherrn zum Ersatz des aus der Geschäftsführung entstehenden Schadens auch dann verpflichtet, wenn ihm ein sonstiges Verschulden nicht zur Last fällt.

§ 680 Geschäftsführung zur Gefahrenabwehr

Bezweckt die Geschäftsführung die Abwendung einer dem Geschäftsherrn drohenden dringenden Gefahr, so hat der Geschäftsführer nur Vorsatz und grobe Fahrlässigkeit zu vertreten.

§ 681 Nebenpflichten des Geschäftsführers

Der Geschäftsführer hat die Übernahme der Geschäftsführung, sobald es tunlich ist, dem Geschäftsherrn anzuzeigen und, wenn nicht mit dem Aufschub Gefahr verbunden ist, dessen Entschließung abzuwarten. Im Übrigen finden auf die Verpflichtungen des Geschäftsführers die für einen Beauftragten geltenden Vorschriften der §§ 666 bis 668 entsprechende Anwendung.

§ 683 Ersatz von Aufwendungen

Entspricht die Übernahme der Geschäftsführung dem Interesse und dem wirklichen oder dem mutmaßlichen Willen des Geschäftsherrn, so kann der Geschäftsführer wie ein Beauftragter Ersatz seiner Aufwendungen verlangen. In den Fällen des § 679 steht dieser Anspruch dem Geschäftsführer zu, auch wenn die Übernahme der Geschäftsführung mit dem Willen des Geschäftsherrn in Widerspruch steht.